"十三五"国家重点出版物出版规划项目

图解服务的细节

053

売場づくりの知識

这样打造一流卖场

[日] 铃木哲男 著

任世宁 译

人民东方出版传媒

People's Oriental Publishing & Media

东方出版社

The Oriental Press

目录

第 3 章　陈列要点

第 4 章　视觉营销（VMD）

第 5 章　52 周商品计划（MD）

　　我一直认为："不能让顾客感到购物快乐就不是一流的商店。"正是抱着这种想法，我撰写了这本书。自 1999 年首次出版发行以来，时光匆匆过去 12 载，时至今日日本人仍然自信地认为，书中阐述的有关零售业的基本原理和原则作为基本知识，依旧行之有效。

　　时易世变，今天的零售市场已经从需求大于供给的经济成长期逆转到供大于求的经济成熟期；从把商品简单地提供给商家，维持零缺货的管理模式（卖方市场）转变到不仅需要美陈商品，更需要根据消费者需求苦心筹划营销策略的时代（买方市场）；从以往单纯寄放商品的"货场"转变到需要销售人员殚精竭虑推销商品的"大卖场"，直至发展到需要为消费者打造能够尽情享受快乐购物的"天堂卖场"。

　　基本原理和原则是在事实的基础上经过长期的打磨和沉淀积累而成，现实变化要求基本原理和原则也要与时俱进，否则无法在实践中得到有效的应用。对我们而言，重要的是不轻言基本原理和原则已经过时，要坚持不懈地观察事实，客观地对照基本原理和原则，不断完善已被证实是合理的基本原理和原则的同时，更要努力贯彻执行下去。

基于上述想法，我对本书进行了大幅修订，主要在第五章中加入了"52周商品计划"的内容。"52周商品计划"是根据顾客需求的变化，以打造出更具新鲜度的卖场为目标，把周作为时间单位，对商品进行周密细致的管理。

众所周知，无论多好的商品，价格如何便宜，只要它的特征不能准确传递给消费者，商品就不会畅销。道理显而易见，当今时代无论哪家商店都经营着大致雷同的商品。"要买那种商品我首选那家商店"，对于消费者来说能够挑选的余地越来越大，对商家而言就看能不能在激烈的竞争中战胜对手脱颖而出，最终成为消费者心目中的首选店。

强大电商的出现让零售企业面临更严峻的竞争考验，今天的消费者完全可以不用特意去商店，只要坐到桌子旁轻敲键盘就能享受网上购物的快乐。因此，今天的实体店更要努力把自己打造成能够让消费者更尽情享受快乐购物的天堂卖场。

本书的基本原理和原则既容易阅读也容易看懂，但单纯读懂意义不大，我真诚地希望诸位都能抱着平常心，多动脑筋想办法，把看上去平凡的事实事求是地做好。

本书的再版发行如能对各位读者有所帮助，本人荣幸之至。

最后，鸣谢本书编辑细谷宪司先生的鼎力相助！

铃木哲男

第 1 章

打造卖场的重要性

1. 为什么要打造卖场?

(1) 商品滞销的内在和外在原因

时下,许多实体店的经营管理者都在为销售业绩不佳而苦恼。他们头脑里整天都装满了"为什么卖不动?怎样才能卖得更好?"等现实问题。

①外在因素导致了销售业绩恶化吗?

经济不景气,消费者收紧家庭开支,的确是导致实体店销售业绩滑坡的重要原因之一。另外,由于日元升值,日本政府的政策性放宽限制和价格竞争引发的物价水平下降等原因,导致了实体店在今天销售与过去相同数量的商品时销售额不升反降,也是诱发业绩滑坡的主要原因。此外,各业态和不同区域竞争店的增加导致竞争日趋激烈,加剧了销售业绩恶化的趋势。

经济不景气、物价趋于便宜和竞争日趋激烈都沉重打击了传统零售商,所有实体店都面临着共同的外部困难。外部因素困扰着整个日本经济界和传统零售业,但即使遭遇相同外因的困扰,并不是所有实体店的销售业绩都在下滑,在众多呈衰败景象的商业街中也有独放异彩的几家旺铺。特别是深深扎根于特定区域的地方连锁店依然保持着较高的营业收益率。如上市公司——日本便利店联盟的各加盟企业每年都发表增收、增益的收支报告。当然，不仅连锁店盈利，许多普通实体店的营业状况也开始好转，营业收入进一步趋于稳定。对它们而言，身处相同的经济不景气、物价便宜和竞争激烈的外部环境中销售业绩不降反升，恶劣的外因反倒成了提升营业额的催化剂。

面对相同条件，有些店铺营业额上升，有些店铺营业额下降，这充分说明了经济不景气和物价便宜以及竞争激烈等外因不是导致销售业绩滑坡的直接原因。

②内在因素是导致销售业绩滑坡的真凶

各企业和实体店的内在因素是导致销售业绩滑坡的真实原因。当然，不同企业、不同实体店的销售业绩滑坡的原因各有不同，有商品自身的问题，有服务质量的问题，也有购物环境让顾客快乐与否等问题。其实，真正原因是没能获得消费者的喜爱。

在所谓的商品畅销时代，也就是顾客的钱包拉链比较松动、所有实体店都能大量出货的年代，内在因素的影响还不明显。一旦零售业整体进入商品滞销时代，内在因素的影响就露出狰狞面目。更具体地说，正是内在因素直接左右着实体店的销售业绩。因此，对实体店而言，今天需要重新思考采取什么样的对策才能挽回消费者的信赖和喜爱。

最近，许多实体店都出现类似问题，值得大家关注。即，商品不是"卖不动"，而是"没去卖"，"更没有下大力气卖"，或者"错失了良好商机"。

譬如每年的 11 月 1 日是日本的寿司节。那天，我带着目的外出调查了几家商店。调查中我发现，有的商店只简单做了广告宣传，有的商店甚至连广告宣传都没做。但也有部分商店充分利用这种机会，不仅在鲜鱼卖场和米饭卖场的上空高高悬挂"寿司节——与全体家人共享新鲜美味寿司的好日子！"等广宣标语，还特意在寿司节当天增加了自助寿司、一人份寿司以及四个小包装寿司的销售。

　　做寿司生意的人（商家）都应该熟知这个寿司节，但真正有效利用这个小小机会的商家却为数甚少。借此机会我想提醒诸位，其实一年之中有许多类似的促销机会，我们没有理由不好好把握和充分利用好这些天赐良机。

　　采取低价销售和低成本运营是大小商店共同的经营法则，但这种法则容易导致卖方优先考虑自身利益，忽视买方的权益。一般而言，顾客是用"喜欢与讨厌"判断商家，而不是采用商家常用的"好与不好"进行判断。因此，对商家而言首先应考虑如何能为顾客创造优质购物环境，打造快乐购物的卖场，然后才能转过身子再考虑自身的利益。

　　总之，如果一味地错把"卖不动"的原因都归咎于是受到外因的影响，你就不可能主动去寻找并及时地发现问题，更谈不上制定出行之有效的解决问题的办法。

(2) 解决商品滞销的关键要看打造什么样的卖场

经常听到有人说："商品卖不动的责任在厂家或采购员身上。"难道厂家会主动生产卖不动的产品？当然不会！因为相信能卖得出去，厂家才去制造产品。卖不动不是生产厂家的问题，是分销商品的商家（卖场）在商品的陈列、销售和演示的方式上出现了问题。另外，卖不动的责任更不应该推给采购部门。采购员也是考虑到能卖得动，才购进了商品。

商店里出现大量滞销商品的原因是销售方式不对，或者是没有考虑到消费者特征和区域特性，引进了不适合在本店销售的商品。我们应该清楚地认识到，不是所有商品都适合在本店销售，只有那些适合在本店销售的商品才能真正卖得动。

销售适合在本店销售的商品，采用适合该商品的陈列、销售和演示的方式，才是提高营业额的唯一途径。所以，在分析本店的经营状况时，首先要检查店内配备的商品种类（本店必备的商品种类）是否符合本店的经营理念，能否满足消费者渴望商品种类丰富齐全的愿望，商品中是否还鱼目混杂，掺杂着不适合本店销售的多余商品。比如，即便是在入职和新学期开始那段时间里，如果想在超市的食品卖场中的服装专区推销西服正装，那也是不合时宜的。

接下来，检查每种商品的销售方式是否合适。家庭需求量不大的商品，如香辣配料等，如果采用三袋一包的大包装或以整盒形式销售的话，购买者肯定有限，或许只有开餐饮店或进行食品加工的专业户才会购买，普通消费者会望而却步。但假设当我们掌握了本地区六口人以上常住大家庭多这样的特征，自然会明白在本店经销大包装或业务用包装的商品也会有市场的道理。另外，假如自驾车来店购物的顾客比较多的话，按整箱出售商品肯定也会大受欢迎。因此，在选定陈列的商品之前，应该首先调查并确定来店购物群体的家庭构成和采购的特征等。我们千万不能因为看到某专业杂志讲到的包装量要"少量"、"能够一次吃完的量"这样的专集后，就照葫芦画瓢，首先脑子里要想一想来本店购物的顾客到底属于什么样的群体。

品质再好的商品，只要陈列、销售和演示的方式有问题，就不可能畅销。本文中反复强调的陈列、销售和演示的方式是打造卖场的根本，商品滞销的根本原因就是打造卖场的努力还远远不够。只要能清醒地认识到问题的关键，就可以找出努力的方向，制定对策，卖出更多的商品。

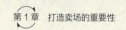

2. 昨日卖场与明日卖场

(1) 消费者期待快乐购物

对消费者而言，购物是快乐的事情。任何人在选购服装或家具时，头脑里都会幻想着穿上新衣和使用新家具时的喜悦情景，挑选商品的过程也会感到轻松愉悦。一旦选中喜爱的商品后，心情会变得更快乐，都希望尽快拿回去穿戴或使用。

购物的快乐不仅体现在选购服装或家具等大宗商品上，即便是采购普通食品或日用百货，他们也能体会到这种愉悦心情。道理很简单，对家庭主妇而言，购物就是她们在为家庭做贡献，选购食品是为丰富家庭餐桌上的菜肴，采购日常用品是为生活更绚丽多彩。一旦她们圆满完成采购任务，会倍感喜悦，一天都会感到快乐。因此，千万不要把她们的购物行为误解为是在履行家庭主妇的义务，是被迫的行为。

购物的快乐是能立刻发现想买的商品和买到中意商品时那种瞬间的感觉。为此，店铺必须配齐商品种类，尽量满足顾客的需求（在功能、质量和价格上配齐符合顾客需求的商品），不实行强买强卖策略，由消费者自行选购商品。

竞争越激烈，顾客对商店越挑剔。"需要买那种商品，我首选那家店。""需要接受这种服务，我首选这家店。"他们会通过日常的购物评选出自己喜欢或讨厌的商店。对店铺而言，必须把本店打造成顾客心目中的首选店，否则必将在激烈的竞争中败下阵来。"快乐"的定义就是指把本店打造成顾客心目中的首选店，成为顾客最喜爱的商店。

一般而言，顾客在店内巡视的过程中，心中会暗暗期待着发现能勾起食欲的食品，在脑海里悄悄勾画着晚饭一家人团圆就餐时欢声笑语的情景，此时此刻她们最容易产生冲动消费。每位购物者都是为了追求这种"快乐"来店购物的，如果店内缺乏这种"快乐"气氛，就不可能成为顾客心目中最具吸引力的一流商店（卖场）。

现在，商店已不再是单纯进行商品与金钱交易的场所，而应该成为顾客前来发掘商品或体验商品的场地。能否满足顾客的这种渴求，正是昨日卖场与明日卖场的差异所在。

⑵ 店员也期待快乐工作

店员也希望打造卖场是件"快乐的工作"。店员与顾客直接接触的机会最多。店内不仅经销消费量大和购买频率高的商品，也摆放一年只周转一两次，根本不赚钱的商品。通过让店员真正了解到自己的工作与人们生活息息相关，每天都在为人们生活默默做着贡献，他们也会在打造卖场工作中，越干越有劲头，会更加喜欢自己的"快乐工作"。

店员在店铺的工作和努力成果每天都在数字上表现出来，

顾客对他们参与打造卖场的评价体现在单品的购买数量和卖场的营业额上。因此，店员每天都能清楚地了解到自己工作取得的成果以及存在的不足，对他们来说这些数据不仅会让他们受到激励，同时工作也会越干越有劲头，并且感到"快乐"。店里的工作不能光靠耍嘴皮子，必须真刀真枪做出点样子来。这与职位高低和资历深浅毫无关系，是靠实力说话。对愿意好好干的店员，企业会认可他的实力，给他提供进一步发挥才干的机会和"快乐工作"的机遇。

店员在全力为顾客打造"快乐购物"的优质环境的同时，也必须为自己打造出前途光明、有奔头的"快乐工作"的卖场。

⑶ 提高卖场、企业的利润

经常听到店员发牢骚说，"虽然顾客人数未变，但由于顾客购物单价下降，导致店内营业额大幅下降"。他们决定提高顾客购物单价，在这种努力当中，由于做出了错误的努力，反而进一步导致了来客数的减少。

所谓错误的努力是，在食品卖场增加了超大包装食品销售和打捆促销，希望提高商品一个点的单价。下列公式可以证明这种努力是错误的。

顾客人数 × 顾客购物单价 = 销售额。如果顾客人数固定不变，只有增加顾客购物单价才能增加销售额（参照图表 1-1）。但如果分别分解顾客人数与顾客购物单价，结果应该是（顾客

人数 × 购买率）×（商品单价 × 购买数量）= 销售额。

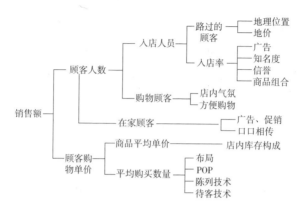

图表1-1 营业额的形成过程

顾客人数深受地理位置影响。如果在郊外开店，对女司机来说，首要条件是保证道路畅通，停车场容易进出和方便停车。另外，要适时发放快讯广告，譬如"菜价暴涨之际圆白菜1颗只需198日元！正在举办春秋新产品试销会"等内容。总之，重要的是在商品种类配备和新鲜度上不能辜负顾客的期望，提出的各种生活建议必须具有吸引力，让顾客看得内心发痒不得不光顾。

正确的商品种类配备不是无限度地扩大商品品类，而是指重视商品多样性；追求新鲜度是指本店比任何一家竞争店都能尽早地推出应季商品；生活建议是指能从菜单中获得启示。上述操作应该容易上手，即使是临时工应该也能简单做到的。

有两种方法可以增加顾客购物单价（＝商品单价 × 购买数量）。一种是提高商品单价，另一种是增加购买数量。现实中，只要提高顾客购物单价，购买数量自然会下降。如果采取大包装或以整箱为单位的销售方式，只有家庭成员多的大家庭才有能力购买。这种销售方式并不方便所有顾客，反而会造成购买数量下降和进店顾客人数的减少，直接导致宝贵客源的丢失。

与此相反，通过降低商品单价（零卖、小包装销售等），可以增加人均购买数量。并且，降低商品单价还能提升顾客购买率，进一步增加顾客人数。在此基础上，再重新考虑供货方式的多样性。此时，为了强调廉价也可以考虑引进大包装和整箱销售的模式。

一般来说，消费者习惯选择自己愿意去并能买到喜爱商品的商店购物。虽然道理上地理位置和停车方便性等因素会影响进店顾客人数，但即便路程远，有些顾客还是愿意光顾那些能够让他们放松心情并快乐购物的商店，优质的购物环境才是吸引他们的真正魅力。

在同业种同业态的商店中，现在的趋势是只有顾客人数多的商店营业额才能稳步提升，只有努力创造优质购物环境的商店，利润率才能发生显著变化。

3. 容易购物和容易销售的卖场

(1) 卖场有三种服务形态

许多店员经常会提到"容易购物的卖场",但很少有人提及"容易销售的卖场"。在激烈的竞争中能否成为受顾客喜欢的商店,前者才是判断标准,对此观点任何人都没有异议。但对后者的说法,许多从事零售业的人士多少有些抵触。原因是竞争越激烈价格的问题就越不能被忽视,即便是整体的销售价格低,他们仍然希望这种运营体系能够为他们带来利润。如果真是这样,他们更应该认真地把卖场打造成能够维持低价和低成本运营的卖场。如果对卖方来说"容易销售的卖场"真的能够成为对买方来说"容易购物的卖场",两者共存共荣,可谓皆大欢喜。在此基础上,再进一步把本店打造成可以充分发挥商品特性的卖场,那更是梦寐以求的目标。

卖场大致分为三种服务模式:面对面式服务、自助式服务和自选式服务。

①面对面式服务

面对面式服务模式是售货员与顾客相隔柜台面对面站立,取出顾客要求查看的商品,给予说明的销售模式。这是以往许多百货公司或专营店采用的传统销售模式。这种模式适合于销售高档商品、需要详细说明的商品以及购买频率低的商品。优点是在售货员的监控下，商品能有效地避免破损、弄脏或被盗。缺点是顾客不能把商品随意取到手进行触摸和确认。另外，商家还需要配备大量人员，这样人工费在管理费中所占比率大，从劳动生产率上看并不划算，因此不能算是理想的管理模式。

②自助式服务

自助式服务模式是要求顾客尽可能自我服务的销售模式。顾客可以自由拿取商品，最后到出口附近的收银台结账。这种模式大多见于超级市场、家居中心、药妆店和自助餐厅等。适用于高购买频率的商品、高知名度的商品和廉价商品的销售以及有在一家商店集中采购需求的顾客。优点是顾客能够随意触摸商品，无拘束地把商品放回货架。对卖方来说可以减少售货员人数，在规章制度和作业程序完善的情况下，大量使用低工资的临时工也能维持正常运转。缺点是对那些管理不善或视野不开阔的商场而言，容易丢失商品。对于商品陈列混乱不方便找寻的卖场而言，会直接导致销售额下降。另外，由于无法接触到顾客，容易导致商家对消费者的不满与需求反应迟钝。虽然缺点明显，但自助式服务模式依然被零售业广泛采用，是买卖双方都认可的最具功效的销售模式。

③自选式服务

在自由挑选商品的形式上，自选与自助形式基本相同，不同之处在于自选式卖场在商场中心部位多设了几处收银台，而自助式卖场的收银台一般都设在出口附近，通常把入口与出口单独分开，而自选式卖场不区分出入口。自选式卖场的销售模式大多用在大型百货商店、大型商场的服装卖场和家居卖场等楼层使用。它吸取了自助式卖场的优点，部分卖场还采用了侧对式服务（与顾客站在同一侧面介绍商品）。

以前，面对面式服务多用在百货商场、专营店（特别是珠宝和高档品牌店），自助式服务是超市和自助餐厅的代名词，而自选式服务多用在比普通超市更大的、商品种类更齐全的综合商场。但随着业态、商品构成和顾客意识的变化，这种模式正逐步发生改变。部分百货商店从面对面式服务转向自选式服务，食品卖场全面引进了自助式服务模式。只有超级卖场的高档商品部反其道而行之，引进了侧对式和面对面式服务模式。一般而言，小型商店几乎都采用自助式服务模式。

现实中，采用什么模式不重要，重要的是要想获得顾客的喜爱，就必须采取符合顾客需求的、适合商品特性的销售模式。

⑵ 自助式服务的基本原则

前面，我简单地陈述了自助式服务的基本概念，它是现在采用最多的销售模式。在卖场布局和商品陈列上，都需要按这种销售模式和经营思路进行配置。下面，我将详细阐述自助式服务的基本原理和原则。

①自助式服务的定义

自助式服务是超市运营上不可缺少的销售模式。但自助式服务模式不是超市自身开发的，更不由超市独霸。自助式服务被引进零售行业是在20世纪20年代的美国（那时超市还没有诞生）。今天，自助式服务模式除了在超市使用外，也被自助餐厅和自助洗衣房等引进。但自助式服务模式能像今日这样普及并取得长足发展，应该说是得益于超市的发展。

超市的自助式服务定义是：顾客自己随意拿取事先已包装和定价的商品，把选定的商品放到提篮或购物车内，拿到出口附近的收银台付款结算。上述定义只是广义上的基本原理，并不等于店铺在此期间什么都不做。店铺要根据要求，协助顾客购物，提供再包装等服务。

②自助式服务的条件

根据上述定义，店铺应具备下列基本条件：

· 卖场出入口单独分开；

· 准备店内用提篮或购物车；

· 设置顾客自由行走的通道；

· 商品分类清晰，各种导引、标识明显；

· 方便顾客自由拿取陈列的商品（裸包装）；

· 部分食品需预先包装好；

· 每个商品都有定价；

· 用 POP 广告明确介绍商品信息；

· 应顾客要求，售货员随时可以介绍商品信息和导购商品；

· 在收银台统一付款结算。

以上是采用自助式服务卖场必备的基本条件，与未采用自助式服务模式的商店有着显著不同。

③自助式服务的原则

自助式服务是让顾客尽可能自我服务。在布局和陈列上应该为此服务，千万不要误认为只要放上提篮和购物车就是自助式服务。一定要遵守自助式服务的运营原则。

第一是布局原则。布局决定卖场配置和通道设置。第二是陈列原则。陈列不是简单地摆放商品，需要考虑配置上的问题。即，在正确的时间，选择正确的商品，按照正确的需求量，放置在正确的位置上。自助式服务的陈列原则与面对面式服务的陈列原则截然不同。

以上两种原则是自助式服务模式的主轴，除此之外还有起辅助作用的业种导引、商品简介 POP 和有关商品供货单位的技术、收银服务以及待客服务等方面的原则。

在认真落实上述基本原则的基础上，再加入能够自由轻松购物的自助式服务这一快乐因素，顾客期待的自助式服务模式的卖场才能真正被打造成功。

工作间歇
——从观察便利店领悟到的哲理——

便利店是我们身边最近、最方便的商店。仔细观察每个时间段，你会发现它的商品流向截然不同。甜点和冰激凌在早晨上班和上学的时间段里，基本卖不动；晚上下班和下学的归途或回到家的时间段里，卖得最好。我们可以从中悟出，并不是相同的商品永远会在相同的时间段里畅销。

男性在进店前已基本确定了需要采购的商品，但他们进店后实际上购买最多的商品是口香糖和饮料，大多数属于冲动消费（非计划性购买）。女性更看重新产品，及时增加新产品和利用 POP 诉求，对招揽女性顾客至关重要。顾客在变，时世在变，传统零售商的经销模式也要与时俱进。

4. 商品分类的必要性

打造卖场的工作应该按什么流程开启呢？前文已提到，首先浮现在脑海里的应该是布局、陈列（陈列架）和演示等词汇。其实，在开展上述工作前，我们必须先期完成商品分类、商品组合构成（商品部门构成）和价格构成等前期工作。

众所周知，无论布局多好，陈列技巧多高明，只要商品本身在质量、价格和分类上出现了问题，打造卖场就等于一纸空谈。卖场下设若干商品部门，各部门又分别由不同的商品组合构成，这形成了卖场的特点和性格。

打造卖场的工作程序是按照①商品分类→②商品组合构成→③卖场构成→④布局→⑤陈列→⑥演示的顺序推进。其中，①～③被称作打造卖场的软件部分，④～⑥被称作打造卖场的硬件部分（本节只重点阐述①～③）。

(1) 商品分类的目的

商品分类真的很重要吗？商品分类的主要目的如下：

＜对顾客＞

· 方便查找商品；
· 方便比较和选购使用目的相近的商品；

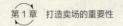

·方便发现和不会遗落关联商品。

<对卖场>

·配齐让顾客感到丰富的商品种类；
·及时发现需要增减的商品组合、缺货的商品、多余的商品和库存过剩的商品；
·把管理每个品目的销售数量和陈列数量（库存）的单品管理作为前提。

要想达到上述目的，需要不断更改和完善商品分类。但对顾客而言，还有许多毫无意义和不起作用的分类存在，这种分类已超越了是否方便采购的问题，是卖方店员按照自身操作的方便，自行选定的分类。究其原因是商品分类标准不明确所致。

(2) 商品分类标准

商品分类首先要考虑到方便顾客，必须适应顾客的生活方式、使用方法和购买方式。因此，商品分类的标准是"按照商品用途（使用目的）的分类"。

集中相同用途和用法的商品品种，按"种类"分类组合。食品按菜单（烹饪法）归类。室内装潢按功能、用途、房间归类。在此基础上，再根据商品分类的辅助标准，按价格带（成为价格区域中心的线）分类。对相同用途的商品，根据时间和场合不同，对于顾客而言有时可以使用便宜的商品，有时使用高档商品可能更符合自己的需求。

综上所述，按用途（使用目的）分类是最方便选购的商品分类。在此基础上，再集中相同用途的商品进行关联陈列，更能彰显出商品的丰富。只有靠正确的商品分类编组商品，才能体现商品的真正价值。

打造方便购物的卖场，前提条件是：

· 能容易找到商品；

· 能便于查看商品；

· 能方便对比商品；

· 能让顾客顺利选定商品。

实现上述目标的前提是要完成商品组合的构成，而实现商品分类又是完成商品组合的前提条件。因此，如果问题出现在商品分类阶段，即便以后在组建商品组合和完善卖场布局上付出再多汗水，也无法为顾客打造出方便购物的一流店铺。

通过商品分类，可以改变成千上万种单品中每一个单品的商品价值。即便是同一件商品，通过商品分类也可以随时把它抬上主角之位，甚至瞬间把它降为配角。

⑶ 商品分类程序

商品在分类上有许多不同的阶段。食品与非食品的分法是分类，一只 1 000 日元茶杯与一只 198 日元茶杯的分法也是分类。应该从哪个阶段开始着手分类呢?

商品分类的标准是按用途（使用目的）的分类，起点应该设在"品种"上。以品种为起点，逐步发展到按种类的小分类，按用途的中分类，按来店购物目的的大分类。从品种中再细分出价格带、价格线（售价种类）、品目（品项）和单品（SKU：stock keeping unit）。

从品种中发展出来的是商品种类的范围（→按种类的小分类→按用途的中分类→按来店目的的大分类）。从品种中再细分化的是商品组合的工作［→价格带→价格线→品目（品项）→单品（SKU）］。

为了打造方便购物的卖场，改善商品种类的配备，需要集思广益，制定相应对策。这些工作从哪里开始更妥呢? 应该先从改善商品分类入手。为了改善商品分类，应该先搞清楚"品种"的基本概念，从研究和改善品种分类开始。

由此可见商品分类所占的地位十分重要。通过参照图表1-2，我们可以通俗易懂地揭示以"品种"为起点的商品分类的程序。

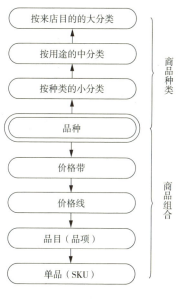

图表1-2　分类程序

(4) 品种的概念

商品分类的起点是"品种"，它的概念是什么？品种是指"用相同使用方法使用的品目的群体"。

从大的方面看，虽然商品内容相同，但如果使用方法不同，采购行为也必然不同。为此，必须对商品分类。比如，在购买一只1 000日元的茶杯或一只198日元的茶杯时，顾客从来不把它们拿到一起作比较。由于价格相差太大，一种是招待客人用茶杯，一种是儿童用的、打碎也不会心痛的茶杯。由于使用目的不同，着眼点完全不一样。同样是茶杯，一只1 000日元的和一只 198 日元的茶杯，有时在商品分类上经常不被归类在一起。

品种的分法，按照分类方针可分成粗分类和细分类两种。总之，品种应该是用相同使用目的使用的品目，由可以作比较、可以替代的群体组成。然后，按品种设定价格带，确定价格点（中心价格）和周边的价格线。

如果一个品种只有一个品目，既没有价格带也不存在价格线，就无法供顾客进行比较和挑选。所以，组成品种的关键是商品必须能够被比较和可供选择。

综上所述，商品的品种分类是从商品分类开启的。

⑸ 商品的系统化

完成品种分类后，接下来是实施商品的系统化。首先要清楚品种与品种之间的相互关联性，然后再进一步分类。此阶段需要的是按种类的商品群分类。

商品群是指按常识性商品分法区分后的品种的群体。按"茶碗"、"水杯"，购买人、使用人的常识印象进行的分类。为了使分类更加通俗易懂，这种商品群分类起到了辅助性作用。把品种分类整理成商品群后，接下来的重点是按用途的中分类。

品种分类是按商品的使用方法进行分类，中分类是按商品的用途（使用目的）进行分类。例如：干炸食品时裹糊在食品表面的小麦粉（低筋度的面粉）和烘烤面包糕点专用的混合面粉同属小麦粉，但却不能归类在相同的中分类里。干炸食品用面粉是晚餐做菜时使用的面粉，而专用混合面粉是做面包糕点时使用的面粉，用途截然不同。

肉馅和饺子皮的原料以及生产厂家迥然不同，但做饺子时两者须同时使用，缺一不可。它们作为相同用途的商品被分类在一起，并排陈列。在关联陈列上，摆放拉面和乌冬面的货架上关联陈列着干笋罐头、汤罐头、蔬菜天妇罗、皮蛋、胡椒、辣椒和鹌鹑蛋等商品。在日配卤煮原料或蔬果卖场里，有时也陈列加工好的卤煮食品。

通过按用途分类法配置商品，不仅方便顾客寻找商品，还能防止他们遗漏购买关联商品。如果这种中分类组合过多，还可以再大分类。根据采购目的进行大分类，如为准备晚餐，为准备加餐，为儿童、为婴儿、为着装打扮……按来店目的再把中分类组合成大分类。

作为商品分类法的中分类和大分类，应根据门店规模和总品种数量调整。但万变不离其宗，基础离不开品种分类。

工作间歇

——从观察新干线车上贩卖学到的——

乘坐新干线外出工作或旅游时，经常会在列车里的流动售货车上买东西。你知道车上什么商品最畅销吗？女售货员推着看似很重的流动手推车，车上最多只能装二十多种商品。据说，从东京至大阪区间仅一台流动售货车就能卖出五万日元的商品。前五位的商品中：第一位是热咖啡；第二位是罐装啤酒；第三位是茶饮料；第四位是矿泉水；第五位是三明治。以上五种商品的销售额竟然占据整体销售额的 80% 以上。

根据年龄、职业和收入的不同，畅销的商品也多种多样，但也有部分商品无论面对任何人都能畅销无阻。从古至今，无论品牌、尺寸、味道千变万化，但畅销的商品几乎一成未变。

5. 商品组合

(1) 什么是商品种类丰富?

消费者在卖场追求的不仅是价格上的便宜，对卖场的期待大致可以归纳为以下三种形式。

· 能轻松自由地购物；
· 能从种类丰富的商品中挑选商品；
· 相信价格公道，能放心购买。

以上的三种期待中，能够通过商品组合实现的是第二项的"能从种类丰富的商品中挑选商品"。为什么消费者一定要追求商品种类丰富呢？一是希望靠自身判断选购商品的心理，二是能够买到与他人相同商品感到放心的心理。

图表1-3是站在顾客的立场上，收集整理了消费者追求种类丰富的心理状态。商品数量多不等于商品种类丰富。丰富不丰富在于消费者的内心感受。有时，即便陈列了大量商品，也无法让消费者感受到丰富。

能够感受到丰富需要具备以下三大要点。

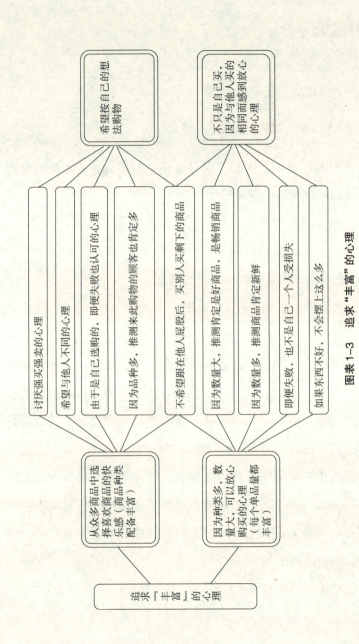

图表 1-3　追求 "丰富" 的心理

·感觉商品种类多；

·感觉有各式各样的品目；

·感觉有大量的商品。

    首先，为了让消费者感觉商品种类多，需要再对品种分类细分，按品种陈列。比如，在品目总数不变的情况下，按用途和用法再对品种细分类，有可能通过分类陈列达到种类丰富的目的。

    其次，为了让消费者感觉到在各种各样的品种中"有各式各样的品目"，把可作比较对象的品目陈列在一起或比邻陈列。通过减少价格带，配齐相同价格线上可作比较对象的品目，人为地制造出丰富感。

    最后，为了让消费者感觉到"有大量的商品"，要丰富地排开商品，彻底实施造成大量陈列感的陈列方式。不仅要在端架（商品陈列架末端）上大量陈列单品，还要在陈列架前端堆放商品，坚持前进立体式陈列，努力打造商品丰富的效果。

    通过实施商品分类的再分方法、价格带的压缩方法和陈列的方法等上述三种方法，可以做到让消费者能感受商品种类的丰富。相反，即便货架上被塞满大量商品，也无法实现商品的丰富感。

⑵ 决定品种与陈列量

①商品种类配备

商品组合指商品种类配备，它决定品目与陈列量的组合方法，即每个品目的数量（陈列个数），所以商品种类配备不能简单理解为"配齐什么品目"，应该正确理解为"每个品目如何配备"。商品种类配备决定卖场的价值。

为进店客人陈列他们想买的所有商品，保证陈列量丰富、不断货，并且没有老旧不新鲜的商品，这正是商品组合希望创造的商品状态。为此，什么品目陈列多少量？要制定合理的品目与陈列量的组合标准。

②品目编成

对管理中的品目不应该无原则增加或减少，应该制定管理标准，按标准取舍。决定"品种"是确定商品组合标准的根本，按照对品种的设想，决定品种内的品目编成的方法。

品种内品目编成方法应该具备以下要点：

· 本店特荐的商品：质量好，价格公道。最希望顾客购买的推荐品目；

· 强调价廉的商品：功能和质量稍有欠缺，但对追求廉价商品的消费者是非常合适的品目；

· 强调质量的商品：价格略高，对追求高性能、高质量的消费者是非常合适的品目。

基本上由以上三项组成。但有时也会增加下列品目。

· 用途有限，但价格比第二项更便宜的品目；
· 比第三项的功能和质量更好，价格更高的高档品。

综上所述，商品组合中种类内的品目编成，主要是以价格线构成的方针和主力商品的定位为标准。在此基础上，商品组合使每一个品目都具有存在意义，让其发挥能量，最终把它们组合到一起。因此，卖场中陈列的每一个品目都有被编入的理由和不被编入的理由。随着理由的变化，这些品目有可能加入品目编成，也有可能被移出品目编成。这个理由就是商家的商品政策，是商品种类配备的特点。

③决定陈列量

"销售量与陈列量成正比"是决定每个品目陈列量的基本原则。卖得多的品目多陈列，卖得少的品目少陈列，是决定陈列量的基本原理，也是最重要的原则。此外，事实证明不同品目的价格和质量没有大的差距时，陈列量与销售量一定成正比。

如果把所有的品目都按相同数量陈列，随着时间的推移，畅销的品种肯定会断货，而剩下的只能是滞销的品目。为防止该事态发生，需提前补充货物，其实早在设定陈列量阶段，就有必要设定好与销售量之间的正常比例。并且，应该把品目编成的目的有效地落实到陈列量上，在决定陈列量时，卖场应主动提交对每个品目陈列量的主张。如果一切都单纯地按照销售量与陈列量成正比的话，卖场将无法表现自己的主张。每个品目按多少数量陈列是决定商品组合成败的重要节点。

　　总之，在决定商品组合时，不仅要满足顾客追求的品种、品目的齐全和数量的丰富，还要保证维持高效合理的陈列量。同时，在决定商品组合时，还要加入卖场的主张，体现卖场的特点。

　　要想真正实现上述商品组合，每一个被组成的商品都必须是有价值的商品。

6. 卖场的构成

(1) 决定卖场规模

① 确定卖场规模的内部条件

在构思卖场构成时，首先心中要有对什么样的商品，在什么时候，用什么样的方式，如何提高它的营销业绩的基本方针。长远的目标是满足更广大消费者的要求，把卖场规模拓展到更广阔的领域，但眼前工作的重心必须优先放在日常生活的必需品范畴上。当然，即便是普通的生活必需品，它所涉猎的范围也非常广泛，把重点放在什么样的商品上，用什么样的方法去努力，如果没有一个切实可行的计划，就难以完成卖场构成这一工作。

作为基本方针，首先要确定通过卖场用什么方法向顾客提供什么商品的基本方针（经营理念）。方针被确定后，卖场的规模也就随之确定。

该阶段需要确定的重大事项有以下三项。

· 确定卖场规模和设备数量；

· 确定商品种类和重点品目；

· 确定从业人员人数和能力水平。

在此期间，需要研究和制订企业的资金计划、运营模式、组织结构和人事安排等。另外，还要考察本店所处地理位置的情况，分析与附近商家之间的竞争关系等。

在初创阶段，尽管有意满足消费者所有的要求，但受企业、门店、卖场的现有运营能力以及未来经营能力不透明的制约，需要小心从事。

卖场现在的运营能力、商品力、财力以及顾客的支持度是决定计划的关键。未来是否能进一步满足更多消费者的要求，要看在今后的工作中能否提升和加强这种能力，所以制订出行之有效的职工培训计划是重中之重。

因此，在此阶段确定的卖场规模、设备数量、商品种类以及从业者人数等"确定规模"的一系列工作，对于决定它们的研究过程和判断的基本思路，都具有重大的意义。

②合理规模

卖场应该有合理的规模。但它不是指店铺面积大小适中的意思，正确的理解应该是"能够带来最大效益的设施面积"。设施面积也不是指店铺整体面积的大小，而是指每个商品品种和每个商品部门卖场面积的大小。对零售商来说，是指能够让顾客感到商品种类丰富而必须具备的一定规模的卖场面积。对餐饮界来说，菜肴品种和顾客群体的种类决定厨房面积和餐桌数量。

为满足消费者需求以及在竞争中不输于竞争对手（竞争店），必须在商品种类上配备齐全让顾客满意的品种。为此，需要为每一种商品都准备出一定规模的卖场面积。拥挤的卖场和点到为止的商品配备，满足不了消费者的需求，更无法在竞争中胜出。

为了确保每个品种都获得必要的卖场面积，商家只能无限制地扩大门店规模，否则无法容纳全部品种。但这只能是幻想，纸上谈兵。所以，本店、本卖场首先应该决定用什么品种来构成的问题。其次，再综合考虑商品组合和商品采购之能量，选定能够满足顾客要求的卖场规模以及在竞争中能够取胜的品种。再次，按品种决定所需的卖场面积，这个面积就成为本店、本卖场最合理的规模（所需面积）。

受土地或其他条件所限，如果卖场面积事前已被限定，应该从排列顺序高的品种开始安排卖场。理想的规模不是指建筑面积越大越好，而应该从每个商品品种所需的面积上考虑，按照它们与本卖场之间的力量对比，决定卖场面积。

(2) 决定部门构成

① 按来店目的组建部门

在部门的构成上，组建适合进店客人目的的商品部门很重要。来店目的是指购物目的。根据顾客要买什么，决定商品部门的构成。

比如，来超市购物的顾客绝大多数是为了采购每天生活必需的食品和日用品。所以，如果把蔬菜、鱼类卖场与体育用品、珠宝首饰卖场安排为左邻右舍，对于前来购买晚餐食材的顾客来说毫无意义。当然，也许购买蔬菜、鱼类、体育用品和珠宝首饰的顾客是同一个人，但购买频率肯定不同。蔬菜和水产品是每天或每隔两天需要采购的购买频率高的商品，而体育用品和珠宝首饰是一年一次或更长时间才能采购的购买频率低的商品。

原则上，同一家店应该由相同购买频率的商品构成。因此，首先要分清自己的服务对象，是服务于市民的日常生活，还是服务于国民的特殊日、特别生活。普通超市当然是为市民的日常生活提供服务的商店，应该以普通商品为基本商品，应该向日常用品、实用服装……方向拓展部门。体育用品店应该优先按照竞技类别进行分类和配备商品种类（特别是名牌商品）。此外，商品系列的延展方式应该采取以主力部门为主体，连接关联部门的方法。

主力部门应该由购买频率最高的商品部门构成。真正的主力部门不仅应该是购买频率最高的部门，也必须是本店铺中强于任何对手的、商品组合能力和采购力最强的部门。

按照顾客来店目的，根据本企业运营能力，逐步强化商品部门。通过购买行动把部门关联起来的同时，进一步增加部门数，这就是部门构成的推进方式。

②商品群的编成

其实，商品部门的概念很模糊。有的部门即便不卖西式糕点，只卖脆饼或巧克力也叫糕点部。甚至有些家电部门既不卖冰箱也不卖洗衣机，虽然只卖五金件、照明器具、烤箱等，也一样自称是家电部。因此，有必要先确定部门的内容。即，首先要定下用什么商品群编成。

在编成商品群时，不可能把所有的商品都拿来编成，应该设定编成的标准，明确商品群被选和落选的理由，要有说服力。

首先选择的标准是顾客的购买频率。首先要重视大多数顾客利用次数最多的商品群。区域性这个问题（本地区独特的生活习惯、区域产品的差异）最终会反映在顾客的购买频率上。

其次重要的是编组部门里最具魅力的商品群。一个部门的魅力要由商品群的多寡来决定，只卖牛肉、猪肉和鸡肉的精肉部门当然不如外加销售半成品的羊肉精肉部门更具魅力。为了不辜负顾客的期望，在增加部门前，应全力增加部门内的商品群，积极扩充部门的实力。

此外，编成的商品群必须是内容丰富的商品群。如果连一套完整的品种构成都没有，只有寥寥无几的一两个品目……这样的商品群不仅对购物起不到任何有益作用，还会伤害部门原有的魅力。

总之，决定部门构成应该以顾客生活上的需求度和店铺（卖场）的实力为基础，配合顾客来店目的，不断充实商品群的编成。所以说，部门构成不是固定不变的。应根据顾客的生活变化，店铺（卖场）的实力变化，竞争环境的变化等，按部门扩充或收缩，进行弹性地变更。为此，部门构成要做到有根有据，要做到敢于表达自我主张，这才是决定部门构成的关键。

第2章

布局的基本原则

1. 外观上的关注点

一般来说，外观不应该被包括在布局的技术当中。但在考虑"是否便于出入"的问题时，外观又变得重要起来。外观又被称作建筑物的主立面，也指顾客在看向店铺方向时映入眼帘的一切事物。

建筑物的外形、屋顶塔楼、广告招牌、店铺外墙、外部设计、门店标志、入口外檐以及从外面透视店内的情景（包括展示商品）等，都被看作是门店的外观。应该如何将店铺展示给顾客，需要好好下一番功夫。俗话讲：人要脸，树要皮。其实，店铺也要装装自己的门面。门面（形象）的好坏是决定顾客是否进店的重要因素。

(1) 这家店铺到底卖什么？

尽管我们在卖场布局上做足了功课，但顾客如果不进店，前面的一切努力都将付诸东流。今天，无论是站前的商业街里、郊外的沿街大道上或是超大型购物中心（SC）内，各种店铺纵横交错，彼此间你争我夺，竞争十分激烈。为了能在激烈竞争中占得一丝先机，必须先声夺人告诉顾客自己是家什么业种、业态的店铺。例如是药店还是药妆店？是妇女服装专营店还是休闲服装店？总之，让顾客一目了然最重要。从心理学角度上看，最初的 20 秒决定 80% 的结果。因此，首先外观上对顾客要有吸引力，让他们一眼看上去就把本店认定是自己的"御用店"。

一般来说，在远离店铺建筑物三倍高度的距离外，行走中的顾客就能识别出门店的整体外观。如果是 4 米高的建筑物，在距离 12 米时还不能识别出是什么种类的店铺，恐怕顾客就无法发现该店。如果缓慢行驶的车辆在 50 米外还不能发现门店招牌，车辆就很难进入该店专用停车场。

应该从建筑物的形状上辨别出业种和业态。郊外沿街大道上单独矗立的店铺，建筑物本身就应该是店铺的"门面"。从远处望见房顶，从近处看到入口和窗户的形状，都应该让顾客脑海里立刻浮现出该店商品的形象。除了独栋建筑的店铺外，设在大厦内或 SC 内的店铺不可能用建筑物的外形来显示自己的形象，只能在招牌、店外设计和色彩上下功夫。此外，为了控制成本减少投资，许多单栋建筑的店铺都建成四方形的时尚建筑。对后期的形象设计，更应该在招牌、色彩和店名标识上多下功夫。

(2) 是否符合"顾客目标"的店铺？

顾客是否进店不完全取决于知道你是什么店，许多顾客是从外观上判断自己想在这家店购买商品的价格是否合适后，才作出进店的最后决定。按心态分类有适合年轻人风格的和适合中老年人风格的店铺，按兴趣分类有休闲型和时尚型的店铺。

顾客根据自己的采购目的选定商店，外观是选定时的关键因素。一般来说，使用素朴淡雅的建材，前卫的拱式造型是年轻人喜欢的对象。相反，柔和的乳白色、橘红色、浅绿色等色调、带有花纹图案的墙壁以及祥和、优雅的形象是面向成熟女性的店铺。

另外，顾客喜欢通过观察店铺外观对照自己的经济条件，因此设计出让顾客清楚知道有没有买得起的商品的店铺外观，也非常重要。一般来说，花大钱装修的店铺或浑厚装饰的店铺里摆放的商品，会给人价格高的印象。相反，没太花钱装修的店铺里摆放的商品，会给人便宜的感觉。前者多使用大理石等高档石材和丝柏等高级木材，后者只使用普通墙板、面砖和石棉瓦等，但造型时尚。

哪种形式好，哪种形式不好，不能一概而论。重要的是首先要根据本店的销售对象、销售价格和销售商品，提出经营方针，在此基础上再确定采用能够表现这种经营理念的外观形式。我们应该充分认识到，店铺（卖场）卖的是商品，不是建筑设计。因此，突显外观不是目的，宣扬店铺的经营理念、卖场面貌、商品特性、规范服务以及店员饱满的精神状态才是真正目的。

同时，店员着装不应由各人随意决定，最好统一穿戴本店的商品，有意识地把店员打造成"行走中的外观"。

⑶ 是否方便进入的店铺?

顾客从外观发现并接近店铺后，进不进入店铺，入口将起到至关重要的作用。入口大致分为开放和封闭两种形式。前者入口宽阔，有开放感，能够从店外直接透视卖场和里面陈设的商品。当他们感觉到符合自己的购物目的后，就会放心地走入店内。超级市场、家居中心、药妆店等经销廉价商品的商店，外观通常使用铝合金建材。封闭式入口比较狭窄，稍许有些闭塞感，一般从外面无法观察到店内的情景、商品的情况、店员的工作状况。对第一次来店的生客来说，会犹豫，但对熟客来说，却可以长时间滞留，踏踏实实地选购。

通常，高档品牌店、鞋帽店、传统绅士服装店等专营店，外观大都采用玻璃门、固定玻璃幕墙的装修。在饮食行业，与快餐店和大众餐厅相比，居酒屋和普通饭庄更爱用这种装修方式。但最近出现了两者兼顾的折中型，高档商店采用方便进入的开放型，而销售廉价商品的店铺外观（卖场印象）反而趋向高档化。

图表 2-1 是店铺核查要点。总之，在打造卖场时，凡事不要仅从卖方自身的利益出发，要站在消费者的立场上思考和决断。

图表2-1 店铺核查要点一览表

核查项目 ＼ 评估要点	非常理解 努力实行	能够理解 可以实行	大致理解 暂且实行	不太理解 没有实行	放弃实行
1.店铺外观(主立面)能否明确显示业种业态?	5	4	9	2	1
2.与竞争店相比,外观有吸引力吗?从远处能看得清楚吗?	10	8	6	4	2
3.是否因文字脱落或油漆剥落等,看不清楚业种招牌或店名标识?	15	12	9	6	3
4.店头或店内清扫不彻底,是否有丢弃的垃圾?	15	12	9	6	3
5.入口的设计是否符合业种业态?	5	4	3	2	1
6.屋顶、墙壁、地面的整修是否到位?	15	12	9	6	3
7.是否有不亮的日光灯?	10	8	6	4	2
8.店内导引是否使用了通俗易懂的文字,放在醒目的位置了吗?对引导顾客是否起到了作用?	10	8	6	4	2
9.墙壁、柱子、屋顶上是否还遗留着广告张贴过的污迹?	5	4	3	2	1
10.是否有被弄脏或破损的陈列架?	10	8	6	4	2
小计					

2. 布局

(1) 布局的基本原则

店铺由商品、卖场和店员组成。卖场是主要的表演舞台，布局好坏直接影响商品销售和店员工作。商品按关联性分类陈列配置是卖场布局，好的布局是为了让消费者能够轻松漫步在卖场内选购喜爱的商品，最终达到店方卖掉商品的目的。

想卖掉商品，就必须让顾客先接触到商品。想让顾客接触到商品，就必须先让他们走遍卖场的每一个角落。让顾客按店方的设计逛商场也是卖场布局。卖场布局的基本原则是方便顾客进商店和方便顾客逛商店。

①方便进店

入口应适当宽敞。位于道路一侧的大门经常敞开比关闭更方便顾客进入。如果不能透视通道或从外面直视到店内陈列的商品，顾客很难跨入店内。另外，因售货员上货、理货等操作堵塞了通道，也会妨碍顾客进出。总之，宽敞明亮的店铺能吸引来顾客，而昏暗阴沉的店铺会赶走顾客。

②方便走遍全店

主通道笔直宽敞，直通幽处。出入口设置清晰，一目了然。店铺无论大小，主通道必须保持90厘米以上的宽度。普通人的肩宽是 45 厘米，两个人擦肩而过时，至少需要 90 厘米的宽度。商品不能从货架向通道凸出。如果顾客看到通道上堆放包装箱，会避开此通道绕行通过。

当顾客注意到关联商品相邻陈列后，会自然地一步又一步向店内深处和相邻陈列点移动脚步。另外，具有强大吸引力的磁石点分散在卖场的各个地方，顾客被其吸引会不断更改自己的预定路线。一般来说，顾客不会向没有吸引力的地方移动。像吸铁石啪的一声把铁吸住一样，磁石点理论是指在卖场中最能吸引顾客注意力的地点配置合适的商品，诱导顾客走遍整个卖场。热销商品、应季商品、折扣商品以及即便需要到处找寻也必须购买的目的性极强的大宗商品（家具、家电等），都是那块吸铁石。

③方便出店

在迷宫一般的卖场或陈列线较高的、连顾客都不清楚自己身处何方的卖场里，想找出店铺出口一定很不容易。因此，出口的设计必须简单明了。许多人都希望设计出复杂多变的奇异卖场，其实这不过是自我陶醉，对顾客来说反而是画蛇添足，极不方便。真正的变化不在布局和货架上，商品才是这出戏的真正主角。

无论是大商场还是小商店，无论是面对面式销售、侧对式销售还是自助式销售，卖场布局的基本原理完全相通。

让消费者购买商品靠的不是偶然性或奇招妙法，而是需要科学的论据。布局更不是那种把商品再向前摆放一点或再醒目摆放一点就万事大吉了。

(2) 单向通行的原则

为了强制诱导顾客按照店方的想法移动，自助式服务的卖场专门设计了单向通行的可控通道。主要目的是诱导顾客沿着主通道一直走向商场的最深处（参照图表2-2）进发。

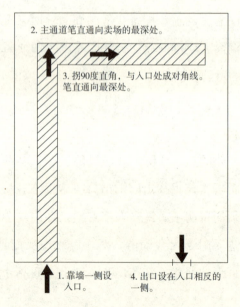

图表2-2　基本布局的实例

主通道是引导80%来店顾客行走的路线，它从入口一直延伸至店铺的最深处。主通道需要满足下列几个条件：

·从入口直接进入店内，沿着主通道行至通道尽头后，拐直角。通道呈 L 字形；

·主通道是店内最宽的通道；

·主通道尽头是面对入口对角线的最深处；

·主通道两侧相继大量陈列了最具吸引力的商品。

设置单向通行的目的是，让进店顾客沿着摆满了购买频率高的主要商品群的主通道边走边买，直至走到店铺的最深处，最后逛遍整个商场。因此，为确保客流能够按照单向通行的原则流动，不仅要保证通道的宽度和位置的准确，通道两侧陈列的商品也必须起到诱导顾客的作用。即在商品陈列上，应该使商品高高隆起，给顾客造成大量陈列的商品丰富感以及不断把顾客向深处诱导的连续感。

(3) 串联关联性卖场

为方便顾客购物，必须把关联性很强的卖场有效串联起来。最佳方式是按照顾客购物顺序串联。卖场串联的原则如下：

① 在通道两侧摆放关联商品

在陈列台两侧背靠背的摆放，不属于关联陈列。相同商品分别在里面和外面陈列，不方便顾客购买。

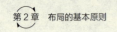

②不能在拐角处切断关联卖场

走过拐角后，新卖场映入眼帘会切断卖场的连续性，失去商品的丰富感。

③商品应横向关联

每种商品应纵向陈列。在通道行走时，由于视觉的高低不同，顾客很容易看丢商品。

④设置具有吸引力的磁石商品

为吸引顾客通过主通道行至通道尽头，应有计划地在主通道两侧设置磁石商品，这样单向通行的调控才有可能实现。在通道尽头处正面，设置能把顾客吸引到其他通道的具有磁石商品功效的端架和配置在陈列架上强调商品构成的有诱惑力的磁石商品。

成为磁石商品或磁石点应具备下列条件：

· 消费量大，购物率高的商品；
· 应季商品或有诱惑力的商品；
· 明快、艳丽、显眼的商品；
· 有重量感的商品。

⑷一目了然、方便采购的配置

让顾客感受到轻松自由的氛围，是确定卖场布局时应优先考虑的问题。对顾客最重要的是，方便进店，方便通行（有行

050

动的自由），没有视觉上的盲区。

单向通行是店方强制性设计的单行道。店方根据自身利益，强制顾客绕道远行，边走边停。不仅对顾客不公平，更令他们心情不快。在设计通道时，要同时考虑卖场的配置，必须考虑到购物的方便性。卖场为什么必须配置在这里？这种商品为什么必须配置在这家卖场？

基本原则是按大分类（按来店目的分类）对店内划分。按中分类（按使用目的分类）确定卖场，按小分类（商品划分）分配陈列架，按品种调节陈列位置。正确的商品分类是正确的卖场配置和种类配置的基础。没有一目了然、方便采购的商品分类就不可能实现一目了然、方便采购的卖场布局。

3. 卖场配置流程

(1) 入口和出口的设定

小型门店（包含便利店和专营店）的入口和出口相互兼用很普通。随着规模增大，入口与出口基本上都分开使用。规模小顾客就少，没有必要分开使用。但如果店铺建筑面积是长方形横向面积很宽时，可以考虑把出入口分开，在出口附近设收银台，做到迅速分散客流（单向通行控制模式）。

另外，根据来店顾客使用的交通工具情况（步行、自行车、自驾、公车或地铁），设置数量不等的出入口。原则上，应该面向进店顾客人数最多的方向（道路、停车场和车站）设置出入口。

出入口过多会切断卖场间的联系，产生防盗上的死角，容易丢失商品。特别是采取单向通行控制模式的自助式商店，无论是大型店还是小规模的商店，只需各设一处入口和出口。

最近，在建筑物的屋顶或相邻的场地设置停车场的商店逐渐增多。但问题是如果设计不出直接连接一层入口的布局，会扰乱卖场内的正常客流。如果生硬地让顾客按照单向通行的模式从停车场走到一层的入口，长时间行走会让顾客感到身心疲惫。总之，方便接近入口，方便走出出口是打造卖场工作的基本原则。

如果是纵向狭长的店铺，进出口一般都设在卖场中部。如果是横向狭窄的店铺，一般左右都各设一个出入口。应该把哪个设为出口、哪个设为入口更好呢？一般面对大楼左侧应该为入口，右侧为出口。理由是多数人惯用右脚，以左脚为轴转向。另外，人的心脏在左侧，习惯于从左侧进店沿着墙壁前行向右拐。最近，有些商店为了更有效地利用使用面积，设计上把入口开设在建筑用地的最里面，尽量把汽车引向里面停泊。譬如在超市，水果蔬菜部门最靠近生鲜食品的收货场，入口一般设在它的右侧或左侧。

⑵ 确保通行畅通

出入口位置确定后，下面应该考虑的是引导顾客逛卖场。首先要确定卖场通道的宽度。宽敞的通道固然会让顾客感到舒适，但在有限的使用面积中，更应该优先保证卖场的有效使用面积（商品的销售面积）。

但如果只考虑销售面积，过多地堆积商品，增加货架或货柜数会导致通道变窄，不仅不方便顾客购物，卖场的陈列效率也会降低。宽度适当的通道不但便于顾客选购商品，对卖场提高营业额也能起到积极的促进作用。

通道中有顾客通道（顾客行动路线）和员工通道（售货员行动路线、管理行动路线）。客人行动路线分主通道和副通道。主通道是指把顾客从入口引导至店内最深处的中心通道。副通道是指主通道之外的客用通道，属支流通道，宽度窄于主通道。如果是面对面式服务，售货员通道是指售货员位置一侧的通道。管理行动路线是指仓库、作业车间等后勤部门的联络通道。在自助式服务的商店里，客人行动路线与售货员行动路线重叠，因此应避免顾客的购物时间与售货员的作业时间重叠，以免相互受影响。

客人行动路线的通道宽度计算方法与主通道的相同，能让两位顾客轻松错开肩膀通过的宽度。每个人肩膀宽度约为 45 厘米，设计宽度应为 45 厘米×2=90 厘米。此外，大型商场可以根据顾客集中来店的拥挤程度，适当调整通道宽度。调整的基准是（45 厘米×2）+（60 厘米×X）。从 90 厘米宽的基本通道中间一位顾客能够轻松通过的宽度是 60 厘米，能够通行几个人的宽度就是（X）。

填上具体数字后，算出的小型店主通道宽度为 150 ~ 210 厘米，副通道为 90 厘米以上。大型店的食品卖场主通道为 330 厘米，副通道为 180 厘米；非食品卖场的主通道为 270 厘米，副通道为 90 ~ 150 厘米。百货商店的主通道为 270 ~ 330 厘米，副通道为 150 ~ 210 厘米。

⑶ 店内行动路线的设定

店内行动路线是指店内人员的行踪（动向），是在布局上记录顾客和售货员的实际行走轨迹。行动路线的调查要求主通道的合理性、店内导引的合理性、商品相互关联的合理性、卖场内无死角以及后勤部门功能的合理性等。

　　店内行动路线分为顾客动线、售货员动线和管理动线三种。在顾客动线的设计上，要求卖场的使用更加有效合理，顾客能更多地浏览商品，在店内长时间逗留，甚至逛遍整个卖场。为了减少售货员带给顾客的不舒适感，提高工作效率，其他两种动线是越短越好。

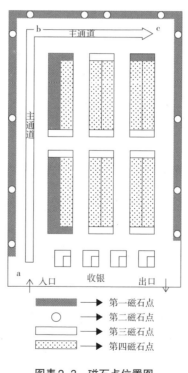

图表2-3　磁石点位置图

在设计主通道（计划上的主要客人动线）时，应该从主要入口处向最远的部位画条对角线，把它作为底边，向 a、b、c 点导引顾客（参照图表 2-3）。即，如何把走进店内的顾客从入口处的 a 点向最远处的 c 点引导，是卖场布局上应该重点考虑的问题。

不管到达 c 点之后的顾客流向何方，至少在此之前他们浏览了许多商品，产生了许多购物机会。因此，对超市来说，基本的卖场布局是确保顾客通行 a、b、c 三条主通道后，再转入副通道行走，最终走遍全部通道。家居中心和药妆店与超市的思路基本相同。

工作间歇
——书店中的喃喃自语——

从事营销顾问工作以来，即便是公休日我也闲不住。某日，我到办公街区寻找书店，好不容易才发现有家店铺像书店。但外观的大玻璃门窗反射阳光，我无法透过玻璃门窗看清店内情况，只能隐约地看见包装箱和货架的背影。初次接触，印象极其不佳。我想，如果能让路人从大街上看到靠墙壁摆放的高低错落的陈列架，或者能在门前设置卖场布局图，摆放促销简介以及安装显示店内商品销售内容的电子显示屏等，肯定会吸引顾客进店购物。

走进书店，可以看到各种图书琳琅满目，按分类摆满了书架，但我觉得要在短时间内找到要买的书籍很困难。我想，如果该书店能设置"店员特别推荐书籍展柜"，准备"选书摘要POP"，再为顾客配备专门介绍图书的讲解员，效果会更好。

⑷ 分区确定法

是指如何把商品系列的综合体——部门构成配置到卖场的确定方法。即便入口方便进入，通道方便行走，也知道了商品的大致陈列位置，但还是不容易找到它们，顾客仍然不会购买卖场的商品。通过动线调查获知，设计上要求半数以上的进店顾客必须行走的通道，实际上只有不到两成的人在利用。甚至连不到10坪（1坪=3.3平米）的小小便利店，顾客也不愿意从头至尾逛下去，结果令人失望。如果不能使顾客在店里持续逛下去，即便陈列出好商品也没机会卖出，最终成为滞销货。因此，有必要通过分区，让顾客在短时间内浏览到更多更好的商品。分区的原则如下：

① 价格差异

按价格差异确定分区的方法。顾客习惯对廉价商品松开钱包拉链，应尽可能在顾客通行较多的通道两侧（出入口和主通道等）和卖场前半部集中展示廉价商品。即，从外（入口附近）到里，以循序渐进的方式，由低向高逐渐提升价格，缓解顾客对提价的抵触情绪，诱导顾客自然地向店内最深处进发。这种方式有局限性，并不适合所有卖场。某些经营高档品的卖场把廉价商品摆在卖场的前半部出售，反倒令顾客对价格差距感到诧愕，瞬间提高了警惕性，结果是得不偿失。按价格带中的顺序，由下限价格逐步提升至上限价格，不乏是种好方法。

②购物的计划性

有两种购物者。一种是定下采购计划的顾客，另一种是无采购目的的顾客。前者称为计划性购物（目的型购物），后者称为非计划性购物（冲动型消费、随意型采购）。计划性购物者为了达到目的，找到喜爱的商品，甘愿不辞辛劳走遍店内每个角落。相反，非计划性购物者绝不愿多跨出半步，尽可能在最近地点完成整个购物。由于他们没有特定目标，对任何感兴趣的商品都会动心，冲动消费，随意采购的概率最高。

在分区的确定上，应该把家电和女装套装等属于计划性购物的商品群布置到卖场的后半部。把电池、女装衬衫和珠宝等属于非计划性购物的商品群布置在卖场的前半部。这种布局方法与价格关系密切，需要巧妙地利用好顾客的心理。

③频率的差异

频率是指购买频率和使用频率。为方便购物，避免顾客少走弯路，卖场前半部应配置频率高的商品群，后半部配置频率低的商品群。食品部门经营的蔬菜、豆腐，小商品部门经营的内衣、袜子、雨伞，日用百货部门经营的生活日用品等，都应归类到购买频率高的部类。

综上所述，原则上廉价商品、冲动消费与随意采购的商品、购买频率高的商品群都应该配置在店内前半部，而高价商品、计划性购买商品、购买频率低的商品群，应该配置在店内后半部。另外，应该考虑把易损易盗的商品群（高价商品和小型商品等）配置在收银台或服务台的旁边。

⑤ 磁石商品的配置

磁石商品被简称磁石（吸铁石），是指对顾客最具吸引力的商品。有计划地配置有诱惑力的磁石商品，诱导顾客沿着宽敞笔直的主通道逐步向卖场的最深处进发。根据目的和方法，磁石商品大致可以分成以下四种：

·第一磁石点

指面向主通道两侧的商品陈列柜和陈列道具。在此陈列的商品是绝大多数消费者经常使用和采购的商品，即消费量最多的商品，购买频率最高的商品和主力商品。

·第二磁石点

设在各卖场主通道的终端或开端处，目的是吸引顾客停住脚步观看或继续前行。它是主力商品的销售点，也最适合宣扬店方的主题思想。对营销业绩好的店铺（卖场）来说，第二磁石点应该最具魅力，一般都在此配置购买频率最高的主力商品、流行商品、热卖商品、上市新产品和应季商品等，目的是留住顾客脚步或者诱导他们继续向前进发。

·第三磁石点

专指端架。具备把行走在主通道的顾客或即将离店的顾客诱导或拉回到另一通道的作用。在此配置打折促销商品（包括快讯商品）、PB（品牌）商品和应季商品等。定期更新卖场，随时举办现场展销活动。

·第四磁石点

指普通展台和货架的陈列线内能够吸引住顾客的场所。主要是在类似食品部门等陈列线较长的卖场里配置，重点陈列主销商品、主推商品和新产品等。为了能让顾客从通道上就注意到它们，一般都安装聚光灯，使用促销 POP 等促销辅助工具。

4. 各卖场之间的连接方式

(1) 用顾客视点配置布局

在店铺的舞台上，商品唱主角，卖场演配角。卖场里还有以布局、陈列道具、广宣 POP 为主体的店内促销装饰物等，它们都要齐心协力，共同辅助好商品的演出。

布局是指按商品分配卖场，按关联性配置商品，绝不像划线区分那么简单。如果来购物的顾客在自己想买商品的货品区内没有找到要买的商品，一般都会找售货员咨询商品的陈列地点。如果此时找不到售货员，也搞不清商品的陈列地点，他们对店方的不满会大大增加。在零售商激烈竞争的大趋势下，这些顾客就会降低在该店继续购物的愿望，继而转向其他商店购物。

一目了然的商品分类方式、通过联想能够发现去哪里可以买到喜欢商品的卖场分类和商品分类，对于那些不愿意耗费大量时间购物的顾客来说尤为重要。

在不配备（或见不到）导购员的卖场，顾客即便有想买的商品，因无法咨询又找不到，最终只能无奈放弃采购。许多大型商场只有（或只能看见）收银员，如果把从卖场引导、商品咨询、问题投诉到商品说明等工作都集中到她们身上，她们肯定会招架不住，身心疲惫时甚至会胡乱地答复道："你要的东西就在里面。""这种商品本店没有经销。"这也是招惹顾客生气的原因之一。

其实，根本不需要把问题想得太复杂。应尽量避免使用可能引发顾客思路混乱的英文、印象分类和趣味分类等，只需要采用平日与顾客交谈时使用的通俗易懂的语言进行商品分类即可。

(2) 提高购买数量、顾客购物单价的布局

要想维系住低价多销的运营体系，店方不仅要减少人手，缩短劳动时间，更要从商品分类上入手。要在提高购买数量、顾客购物单价的关联分类上再多下苦功。

在女装销售上，把 T 恤、罩衫、裙子和女裤比邻陈列，方便顾客采购。对那些不规则尺码（大尺码、小尺码）的商品不应该分别放在距离较远的货品区陈列。以 T 恤为例，最好能把集中了各种不同尺码 T 恤的卖场与女装卖场比邻。因为人的体型多种多样胖瘦不等，有些人上身穿 9 号（普通尺码）T 恤，下身却穿 11 号（不规则尺码）裙子，这种事已经不足为奇。

男士的衬衫和领带一同陈列在男士服装卖场方便采购，被随意采购的机会最大。但在百货商店里，领带作为馈赠礼品的销售额也很大，放在哪里销售很难抉择。另外，由于受卖场面积限制，领带被作为服饰，经常与服饰品、雨伞和鞋子等一同

陈列。总之，一切都要根据顾客对商店的印象和期望而定。

另外，厨房用洗涤剂、普通洗衣剂、手纸和厨具等日用品购买频率高，与食品也能关联。如果把它们与食品卖场里的加工食品相邻，不仅方便顾客，也能提升营业额。这一点已经得到充分证实。

布局的基本设计思想是方便进店，方便逛店和方便出店。从入口处和通道前一眼望去可以看清店内陈列的商品，才能方便顾客进店。主通道（食品楼层的主通道宽度应该在330厘米以上、服装楼层的主通道宽度应该在240厘米以上）应该宽敞笔直，副通道上（食品楼层的副通道宽度应该在180厘米以上、服装楼层的副通道宽度应该在120厘米以上）商品和辅助器具不能凸出，妨碍顾客行走。另外，关联商品应该相邻陈列，诱导顾客在不知不觉中把脚步移向店内。在卖场的主通道两侧和通道尽头，摆放热卖商品、应季商品和促销打折商品等有诱惑力的商品，诱导顾客逛遍店内的每个角落。

有些店员认为简单明了的布局缺乏趣味性，往往愿意布置迷宫般的复杂卖场或用墙壁圈起来的奇异卖场。对顾客来说，如果连自己身处何方都不得而知，还何谈方便购物呢？

⑶ 商品的曝光与布局

"曝光是自助式服务的精髓。"这是业界反复强调的一句话。布局的根本原则在于如何提高所有商品的曝光度。让顾客看到商品就等于曝光商品，这也正是我们希望打造的卖场。

我们希望打造的卖场对顾客来说，应该是"容易查找"的卖场，商品应该是"方便选择"和"便于选购"，为此需要卖场随时随地为顾客提供必要的信息是重点。对卖场来说，重要的是应该把自己打造成一家不仅每一个品目和每一个单品的销售额比现在有所提高，而且每一个商品群以及卖场整体的营业额都比现状有大幅度的提升，同时空间效益（每坪平均销售额、每尺货架平均销售额）也得到改善，让顾客能够购买利润率更高的商品的卖场。

①商品种类配置的标准

卖场面积的分配方案确定后，开始研究卖场规模和布局。首先，应考虑把该商品群所属卖场安排在楼层的哪个部位以及与竞争店之间的差异化，然后再考虑政策性扩大或缩小卖场规模的问题。

此外，对被顾客认知的商品（如大酱、酱油、保鲜膜等熟知吃法和用法的商品）和不被认知的商品（如香料等不被熟知用法和长处的商品），在种类配备的思路上应该有所不同。更具体地说，应该根据该商品群的品牌构成、品牌名气和 PB 定位等具体情况，确定真正必要的商品组合。这里的前提是，必须在被授予的空间里选择最佳的种类配备。

②卖场的构成顺序

打造"容易查找、方便选择、便于采购"卖场的第一步，是把按照某种构思组成的商品群集中起来陈列，让顾客在不知不觉中识别出它与卖场中其他商品群在构思上有着显著的不同。为此，将按下列顺序构建卖场。

第一，组合（分类和统合）相同商品群的商品；

第二，根据各商品群体的销售力和发展潜力，划分卖场和配置空间；

第三，在分配到各群体的空间里，确定各品目的位置和分配的饰面数。

③分组

把根据某种构思组成的商品群称为大分类，从中细分出的各种群体称为中分类。如果中分类中，品牌和品目依旧过多，在此基础上再细分的称为小分类。每个小分类由不同的单品组成。

在此，值得注意的是如何按照上述顺序对商品特性进行定义的问题。它的视角根据商品群千变万化，有时按形态，有时按用途，有时按厂家区分。最终，这个视角如果能与商品分类合并统一是最理想的。另外，在商品分组上，应该重视商品间的关联性（如食品中的糕点与糕点制作原材料等）和能够诱使顾客产生冲动消费（非计划性购物）的商品之间的关系。

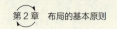

④分区

分区是指在什么位置，用多大空间，如何配置商品群。应该首选大分类和中分类的分区。大分类分区的基本原则如下：

· 销售额大的大分类放在两端，成长潜力大的大分类放在中间；

· 购买频率高的大分类放在多数顾客的必经之路上，购买频率低的大分类（来店目的性强的商品群）放在卖场的最里面；

· 关联性强的大分类相邻为伴。

在空间分配上，应该考虑营业额的现状和未来的发展潜力，在面积配置上保证构成比与空间一致。但对成熟度低的商品群以及与竞争店有差异化的商品群，有时也需要在政策上保证分配给一定规模的醒目空间和布局。

中分类分区的基本原则如下：

· 销售额（金额、数量）大的中分类摆放在平视高度（顾客眼睛直视的高度）；

· 仅次于它的中分类摆放在平视高度或者接近它的高度；

· 成长潜力大的中分类放在醒目场地，有明显潜在需求的中分类放在平视高度或接近它的高度；

· 相同的中分类不得拆分，应就近陈列；

・分在同一中分类的相同品牌应并排陈列；

・容量不同的同一品牌上下陈列（轻的放在上层，重的放在下层）。

⑤ 饰面数

打造快乐卖场的收官之作是确定饰面数（商品的陈列面）。

确定饰面数的前提如下：

・不能超出大分类的条条框框；

・不改变群体的定位和优先顺序；

・重视大分类和中分类的内部平衡，竞争品牌之间的平衡（避免向特定品牌倾斜）。

按照上述原则，最终敲定饰面数。

第一是根据大分类里的销售额占有率分配饰面数。如果一个品牌中包含复数品目，可按从品牌的市场占有率到品目的市场占有率的顺序，分配饰面数；

第二是在品目层次上，以现实中的每个饰面的平均销售量为标准，增减饰面数。按同一指标均等的原则，调节饰面数是重点。

第三是对现在的销售额并不高，但市场占有率较高的品目以及未来期待值高的有成长潜力的品目，应该考虑维持现状或扩大饰面数。

以上阐述了几种打造快乐卖场的原则与标准，我希望诸位不要把它简单地看成是美好的设想。"如果照此运作的话，营业额肯定能有所提升吧？"要在心里多假设一些问题，并通过实践检验这些设想。

工作间歇
——关联陈列是家庭主妇的好朋友——

在主力商品旁摆放关联商品，诱发顾客冲动消费的陈列被称作关联陈列。据某调查结果证实，约有 80% 以上的家庭主妇每天都为今晚吃什么而烦恼。关联陈列能为家庭主妇安排晚餐的菜谱提供建议。对"是否买过关联陈列的商品"的提问，许多顾客都明确回答说："见到过。""买过。"

冲动消费商品的前五位：

A. 生鲜卖场的烤肉调料；

B. 生鲜卖场的火锅调料；

C. 果蔬卖场的火锅调料；

D. 酒水卖场的下酒小菜；

E. 果蔬卖场的色拉调料。

让我们积极行动起来，多提些好建议吧！

5. 结账工作（收银台）的重要性

(1) 圆满结束购物

结账（收银台）是终结购物行为的场所，一般设在出口附近。当顾客充分享受了购物快乐后，为了继续让他们保持愉悦的心情，收银台不仅应该设在顾客容易找到的位置，还需要继续为他们提供不需要长时间排队等待的服务。记住！这一点最重要。另外，收银台应设在所有顾客的必经之路上。

为保证"顾客自始至终能够享受快乐购物"，作为购物活动的最后环节，收银员的待客服务对整个购物活动无疑将起到画龙点睛或画蛇添足的作用。一般来说，购物时顾客的期望都集中在"快乐"、"廉价"、"好商品"这三点上。

实际上，即便顾客能廉价地买到好商品，如果发生下列问题，他们一样会失去今天购物的快乐，好不容易累积的愉悦心情也将云消雾散。

·在收银台前长时间排队等候结账；

·对收银员的服务不满意；

·结算出了差错。

总之，收银工作是顾客购物活动的终结篇，收银员有责任为顾客满载而归画上圆满的句号。

⑵ 收银员的工作

负责收银的人是代表商店与顾客打交道，重要性不言而喻。收银员的基本职责如下：

提供温暖亲切的待客服务；

准确操作收款机和正确交接金钱；

快速完成结账。

收银员要履行好上述三项职责，平日里要做好以下五项工作。

真诚实意、温暖亲切地待客；

准确操作收款机，正确交接金钱；

使用收银员的标准用语；

结账时不让顾客排长队等候；

保持收银台和服务台的干净整洁。

现在，许多商店为了防止出现差错，会与顾客核对价格，都实施了"唱收唱付"。收银操作的绝对条件是"准确"二字，收银速度再快，也不允许出现一丝差错。因此，收银员不应按自己的方式操作，需要接受正规训练，只有通过专家的指导才能掌握正确的操作方法。

收银时，不应对特定顾客表示出过分亲密，以免导致其他顾客感到服务上的不公。在等待时间里，收银员之间也不允许嬉笑聊天，更不允许发生任何输入错误。收银是与金钱打交道的工作，要做到公平公正。在发生输入错误时，应及时更正。离开收银台时，必须锁好收款机，做好自己的本职工作。

经常检查制服上是否有污垢，有开线处或扣子掉了。经常修手指甲和梳理头发等。总之，没有一支精神饱满、热情洋溢的收银员队伍，即便商品再好，价格再便宜，店铺或卖场也会丢掉部分印象分。一般来说，经常来店的顾客都会留意收银员的工作情况，即便多等一两个人，也要排到自己感觉不错的那位收银员面前的队列中。

长时间连续做收银工作时，身心会感到疲惫，待客服务质量和收银的准确性都将随之下降，因此需实施倒班工作制，合理安排倒休时间。根据不同情况，制定合理的交接班程序和准确的结算方法。

⑶ 服务台工作

客服员帮助顾客把结账后的商品装入购物袋。在顾客少时，这部分工作由收银员兼职负责。许多大商场和大超市都采用顾客自装袋的自助式服务，但对残疾人或小孩，则由收银员或客服员帮助他们装袋。有特殊情况时，客服员也上收银台协助收银工作。

大超市客服员的入袋要领：

硬重物（罐头、水果等）放置袋底；

易碎品放置袋上方；

容易出水的食品用小塑料袋包装后再入大袋；

香味强烈或有臭味的物品用塑料袋包装后入大袋或与食品分开装袋；

尽量把购物袋装满，不留空隙；

递上购物袋后说声"谢谢您"。

按照顾客购买量多少挑选合适的购物袋，不同购物袋中装入的重量不应相差很大。只有经过实地训练，才能掌握上述装袋要领。

服务台的包装与商品原包装不同，是协助顾客把买好的物品带回家的包装。此时，客服员包装的商品已经是顾客的私人物品，不再属于商店（卖场），因此包装时要轻拿轻放，做到耐心细致。

随着季节变迁，有些顾客会提出用彩色包装纸和礼品标签为馈赠亲友的商品做礼品包装的要求。对此，事前应该确定由哪些人具体负责，否则收银员或客服员都有可能为此耽误了其他顾客的时间。馈赠用商品也可以事前包装好再拿出来展示。

客服员是最后与顾客打交道的人。把包装好的商品递给顾客时，应该同时说声："谢谢您！"

提篮和购物车的管理是收银员、客服员和勤杂工的工作。为了避免空提篮妨碍顾客，归置空篮，清理污垢和恢复原位的工作，应该分时间段安排具体人负责。总之，收银台周围必须经常保持整洁干净，这也是打造快乐卖场不可或缺的重要环节。

第 3 章

陈列要点

1. 商品价值

(1) 什么才是好商品?

陈列的目的是向消费者实事求是地介绍商品的特点（包括价格）。陈列前，卖方需要切实掌握商品的真实价值。换言之，卖方事前应通过试吃、试用等测试手段，选出最有把握的商品在卖场陈列。

如把 1 包 280 日元的紫菜与 1 包 480 日元的紫菜拿来比较，无疑 480 日元的紫菜应该比 280 日元的紫菜色香味更胜一筹。1 块重 50 克的猪排肯定不如 1 块重 100 克的猪排吃起来更过瘾。如果只是简单地询问哪个好，任何人都会选定 480 日元的紫菜或重 100 克的猪排。

但如果聊到在日常生活中哪种更实用的话，或许 280 日元的紫菜更适合为孩子制作包裹得很严实的米饭紫菜团，480 日元的紫菜更适合发挥其香甜美味的特点，用于制作紫菜卷。重 50 克猪排的大小程度更适合与其他材料搭配炒菜或单独为小孩子做烤猪排用。由此可见，商品质量和重量的标准是随着使用目的变化而变化。是不是好商品要看它是否适合使用目的，这才是衡量商品好坏的标准。

"本店好商品种类齐全。"其实，顾客并不希望配齐那些高档、高性能、高质量的商品。正如不能穿着西装做饭，穿着睡衣外出一样，顾客会根据自身需求选购符合使用目的的商品。所以，我们应该把"好商品"理解为"更适用的商品"。

⑵ 什么是使用价值?

根据用途可以分为适用的商品和不适用的商品。商品的价值根据时间和地点的不同产生变化。

正如无论多好吃的日式炸猪排盖浇饭，在饿肚子时与饱餐后，价值会大打折扣。随着消费者生活发生变化，他们对商品的评价也会转变，"适合生活的商品"的标准也会随之改变。所以，要提供"好商品"，就必须深入了解消费者的生活诉求。但无论到何时何地，以下三种共同、不可缺的商品价值是永恒不变的。它们是：功能的诉求、安全放心的诉求和经济实惠的诉求。

功能的诉求是指消费者已经不再简单地满足于商品能用和能吃，把期待值提升到好用、好吃和穿好的水平上。安全放心的诉求顾名思义，是要求商品无毒无害，说明和包装正常，商品没问题。经济实惠的诉求是指价格便宜或者贵点，买得合适不合适的相对价值，没有比较没有鉴别。上述商品的价值是在亲自试用和试吃后，才能掌握的使用价值。

所有商品都是为使用和消费而存在，对它的质量、功能和经济性，只有通过使用和品尝才能得出结论，才能准确判断它的真实价值。

工作间歇
——顾客会因经济实惠动心吗？——

真有"冲动消费"吗？在经济形势恶化，人人立志勤俭节约的风气中，广大消费者会拉紧钱包拉链不松手。据调查结果验证，70% ~ 80% 的购物行为都属"冲动消费"。在店里发现有诱惑力的商品（包括廉价商品），会情不自禁地当场买下。

实际上，不是因为经济形势恶化，消费者手头没钱不买商品，而是由于商店、卖场、商品、销售方式、陈列方式和演示方式以及卖方（售货员）缺乏魅力，使得商品卖不动。

许多人都习惯推卸责任，总想把经营业绩不佳的责任推给第三方（经济、政治等）。让我们再一次回归现场、现实和现物的原点上，重新认识正在销售的商品，努力扩大饰面，加大广宣和试吃（包括试穿、试用）等活动，坚持刺激消费者的感官，争取制造更多的"冲动消费"吧。

⑶ 卖场环境与商品的关系

管理商品是指在管理好商品本身的质量和数量的同时，更要把商品所处环境管理到最佳状态。无论再好的商品被放在不清洁、杂乱无章的卖场里，身价都会一落千丈。此外，对顾客而言能否成功完成购物，不完全取决于商品本身的质量和价格。

因为，顾客并不是被强迫来店购物的，他们需要能够随心所欲、自由自在、轻松快乐地购物。因此，无论商品再优质，只要让他们在卖场感受到一丝不愉快，就不会满意这次购物。

顾客购物时的三点期望是：好商品、便宜、快乐购物。其中，"好商品"和"便宜"是商品本身的问题，而"快乐购物"是卖场环境的问题。其实，要想达到"快乐购物"的目的并不难，只要能让顾客自由自在、随心所欲、没有不愉快回忆就行。对顾客而言，应该达到以下目的：容易进店、方便行走、便于察看、容易拿取、一目了然、轻松选择、方便搬运、顺利结账、容易出店。再加上一条，应该是一家购物环境优雅舒适的卖场。

但要达到上述标准，需要具备下列基本要素：

- 合理的占地面积，理想的建筑物。附属设备功能齐全；
- 保证上述硬件的定期维修保养；
- 卖场布局合理；
- 辅助设备功能齐全，定期清洁养护；
- 空调、照明、BGM（背景音乐）和装饰完好；
- 完善卖场导引和商品简介；
- 做好商品陈列；
- 做好 POP；
- 保证足够的收款机台数，提高结账速度；
- 提高售货员的服务质量和工作态度。

上述要素大致分为物质的和人为的两种，它们紧密相连，相互弥补，携手共创优质的卖场环境。

⑷ 价格的高低

① 价格带

价格带是指同一商品品种中的售价幅度（从最低售价到最高售价之间的范围）。价格带高是指品种内的品目构成由售价较高的商品组成。反之，价格带低是指由售价较低的商品组成。

即便使用目的相同，但根据功能和质量，其价格千变万化。受卖场面积所限，商家不可能经销品种内所有商品（从便宜到贵的所有商品），有必要规定范围，缩小价格带。规范价格范围被称为设定价格带，缩小范围被称为减少价格带。

扩大价格带必将导致价格种类增加，不利于商品的对比选购，商店本身会变成面面俱到的"万金油店"，反而不能实现真正意义上的商品丰富感。对顾客而言，同样功能、相同质量、同等价格的商品种类多，会感觉商品种类丰富。价格带的设定和精选方法是价格政策的第一要素，它决定了卖场的特点与属性。

② 价格线

价格线是指售价种类。如决定把 300 日元至 500 日元设为价格带，在此范围里有 300 日元、350 日元、400 日元、450 日元和 500 日元五种售价的商品，那么价格线就有五种。以它为中心的价格线被称为中心价格（合适价格）。中心价格是指买得最多的商品价格线，把策略上希望顾客购买最多的品种的价格线设定为合适价格，在它的周围设定 3 ~ 5 种价格线（参照图表 3-1 ）。

根据业态、卖场和企业方针，设定不同的价格带，精选不同的价格线以及确定不同的合适价格。百货商店的价格带较宽，价格线也多。并且，中心价格也不止一个，一般设中心价格和高价格两种。像便利店这样精选商品的业态，价格带的点基本相近，价格线也只有一个，但并不是一个品种只设一个品目，一般是相同的价格线配备 2 ~ 3 个品目。

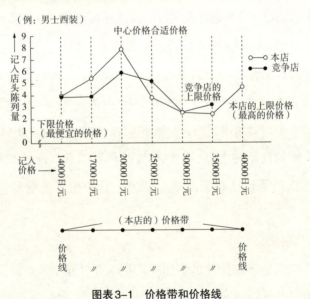

图表3-1　价格带和价格线

③商品的成本与价值

对消费者而言，商品价格决定商品价值。他们习惯用价格高低判断价值大小，从不关心商品成本（进货价）。无论进货价多高，只要感受不到商品的价值，就不会给予好评。所以，对他们来说只要功能相同，质量无差异，即便两种商品进价不等，售价也必须一致。如果把功能和质量相同，进货成本不同的商品分别标出两种不同的售价，买方就会为此感到迷茫。

把价格线控制在三种以内，并不代表只有三种进货价。其实，进货价各不相同，有时多达几十种也不足为奇。根据进货量、进货期、进货方式、合同内容以及进货商的具体情况，进货价千差万别。同一品种的商品在功能和品质上，通常价值是不会差出几十倍，即便真有巨大差别，消费者用肉眼是无法辨别的，在使用上更无法区分。

某品目商品归属哪个价格线应由该品目的价值决定。因此，减少品种内的价格线，增加品目的做法，只有通过上述想法才能得以实现。

2. 陈列的原则

(1) 陈列的根本原则

对顾客的根本原则是：容易查找、便于查看、方便选购、触手可及。商品是陈列的真正主角，陈列道具和 POP 不能过于显眼，避免盖过主角的风头。

"容易查找的陈列"是指根据商品分类和布局决定商品的陈列位置。为什么那种商品必须陈列在那里？要站在顾客的立场上，对品种内的品目编成和品种与品种之间的关联方式，为顾客找出理所应当的理由。

"便于查看的陈列"可以通过敞亮的卖场和陈列方法得以实现。重要的是要按照商品的大小、形状和颜色等，选择陈列的高度。在陈列小型商品、外观不起眼的商品、颜色朴素的商品以及很难看透内含的商品时，应该把它们摆在便于查看的高度陈列。相反，一目了然的大型商品完全可以放在下层不便于查看的部位陈列。此外，面向儿童销售的商品不能摆放在高于他们身高的位置，以免看不到。总之，一切陈列都要从"面对顾客"的角度上出发。

"方便选购的陈列"是指商品能够一眼全收眼底，方便对比选择的陈列。为此，把相同用途、类似的商品分成一组，按一定长度摆放，便于顾客对比取舍。标准是一个货架的长度（90 ~ 120 厘米）。

"触手可及的陈列"是指陈列在手能触摸到的位置以及触碰后不会混乱、稳定性强的陈列。看上去稳定性极差，顾客担心触摸后有可能打乱原来秩序的陈列，就不会拿到手里仔细观察。此外，陈列必须能够扣人心弦，不仅要让顾客感受卖场的丰富，也能领悟到卖场的经营理念。

以上述原则为基础形成的前进立体陈列的方法和要点，对指导商品陈列尤为重要，望务必铭记在心。

⑵ 什么是前进立体陈列?

前进立体陈列是一种展示气势的商品陈列方法。为了能突然间提高商品的质量感和丰富感，把商品放置在陈列架的前列，在其上部依次逐步堆积商品形成梯次。为此，首先把商品从陈列架的前列开始一直堆积到上层货架的底板，然后再在该列商品背后摆放剩余的商品（参照图表 3-2）。

为了防止陈列的商品发生混乱，应该在货架里面的空间放置支撑的箱子（支撑物等）或辅助道具协助稳固商品。用隔板把不同种类商品左右分隔开，防止横向滑动。

但开始时码放整齐的前进立体陈列，当商品被从正面或上面取走后会逐步减少，慢慢变成后退平面陈列。陈列缺乏了丰富感后，很难再燃起顾客的冲动消费和随意性购物的热情。所以，跟进修复前进立体陈列显得尤为重要。

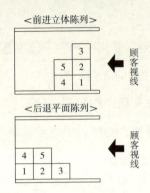

图表 3-2　前进立体陈列与后退平面陈列

(3) 方便选购的陈列

把一个又一个小型商品堆积起来陈列相当费时费力，也不便于理货。因此，可以采用把较小的商品投入铁网状折叠笼（投入式陈列）的陈列方法。通常，口香糖、小饼干、方便面、剃须刀和电池等小百货都采取这种形式。

投入式陈列不仅不需要整齐摆放商品，还方便顾客随心所欲地亲近和触摸商品，更能让他们感到商品的便宜。由于从远处无法获知铁网状折叠笼内到底有什么商品，事前需准备 POP 做广告，宣传和介绍商品。此外，折叠笼内勿放易损或高额商品，同一折叠笼内不可放入两种以上的商品。

需要大量堆放商品或提高陈列效率时，可采用"落地托盘陈列法"。即把包装箱割去上半部或斜角以露出商品，再层层堆积的陈列方式（割箱陈列）。在端头陈列等大量陈列上被广泛采用。优点是陈列工作不费时费力，陈列商品不易混乱。缺点是商品饰面的下半部分容易被遮挡，需要经常巡视陈列点随时取走空托盘（空包装箱）。在平台上展销水果或特卖品时，经常采用这种方法。优点是视野开阔，方便触摸。缺点是平面陈列占地面积大，狭小的卖场无法采用。如果勉强布置平台陈列，会使通道变窄，客流堵塞。

服装陈列上，有衣架陈列（直架、环架），人体模特陈列和利用陈列台上半部分展示样品等陈列方式。

从上述定型的陈列中，我们应选出能强调商品个性，提高作业效率和经济实惠的陈列方式供自己使用。此外，为了体现陈列的连续感和突出重点，有必要通过纵向陈列突出商品的压迫感。

对消费者而言，容易查找、便于查看、方便选购和触手可及的陈列就是"最方便购物的陈列"。为了给每一种商品都量身定制切实可行的陈列方式，需要我们在工作中不断摸索，苦练内功。

3. 商品陈列

⑴ 自我主张的陈列

　　商品陈列的目的是通过商品的自我主张，让进店购物的顾客了解商品对百姓生活具有的价值。商品价值的自我主张表现在陈列形式和陈列数量上，POP 广告只起辅助作用。为此，按品目选定最适合体现自我主张的定型陈列法，配置到卖场。

　　在完成上述定型陈列的基础上，限定时间突出展示某种特定品目，在吸引顾客关注的同时，营造卖场的活跃气氛的是"变化陈列"。变化陈列是指改变往日的陈列位置和更换常用陈列的方式。所以，要想取得变化陈列的良好效果，先决条件是平时必须做好定型陈列。平时的陈列不规范，即便偶尔别出心裁地开展变化陈列，其自我主张的表现成效必将事倍功半。

　　变化陈列之一是槽沟陈列方法。保留或拆除常规货架的隔板，把几个货架连接起来，挑选 1 ~ 2 种商品做圆形或半圆形陈列。

　　改变饰面（平日侧面为饰面，改成正面为饰面），把有关联的品目比邻陈列（如在草莓旁陈列牛奶或草莓用勺），通过与以往不同的陈列方式吸引消费者的关注。

　　"突出陈列"也是槽沟陈列法中一种变化陈列（参照图

表 3–3）。在不影响顾客通行的情况下，把商品向通道一侧突出陈列。原则上，只允许商品在通道宽敞的情况下从货架突出，但一条通道也只能允许一处向外突出。

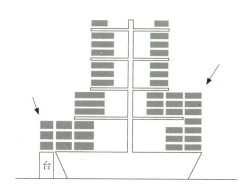

图表3–3　突出陈列法

"岛式陈列"原则上也只能在通道宽敞，不影响顾客通行的前提下实施，陈列点也不能多设。在顾客通道上设立陈列岛多少会影响通行，应尽量缩小陈列岛规模，陈列那些能够吸引顾客并有实际意义的商品。还可使用小展桌和展台，把移动式直衣架或环衣架临时推到通道两侧，或者直接把包装箱堆积起来。陈列岛主要陈列特价商品。

(2) 端头陈列

端头陈列（在端架上）能够起到把主通道上行走的顾客诱导至货架区的重要作用。陈列服装的平柜和摆放居家用品的平台都能起到上述作用。通过有感召力的量感陈列、季节感十足的演示和富有诱惑力的低价格，把顾客吸引到端架前停步观看，然后再逐步把他们的注意力引向货架区的商品。

在端头陈列的商品必须是价格便宜的商品、消费频率高的商品、知名度高的商品、热销的商品和卖场最希望推销给顾客的重点商品。

端头陈列需要呈现季节感和变化，商品更换周期最长不得超过 1～4 周，陈列手法也不可过于烦琐。可以在落地托盘陈列、看不到真正商品的虚设陈列或空箱的利用等多方面下功夫。在一处端架上摆放多种商品会缺乏量感，最多陈列 1～2 个品种才能醒目和突出诉求。但最近利用端头陈列推荐菜单和推行生活建议活动的商家逐渐增多，也有些商家甚至把五种以上的关联商品组合起来，在端架上开展关联陈列。

用舞台来比喻，在端架上陈列的商品好比舞台中央的主角，扮装上应该打扮得高贵华丽。通过配色和使用上乘的陈列道具，再让它陈列得更光彩夺目，同时采取相应对策保持它的整洁与不凌乱。

工作间歇

——卖不动的理由和不买的理由——

顾客来店购物，最终没有出手购买的理由是什么？对卖不动或卖不掉的理由，各商家的答复基本相同："价格高嘛。""顾客购物太谨慎嘛。"

在某百货商店，对"卖不动的理由"做了调查。当时，商品部的负责人列举了两点理由："更换了店长。""露天的促销活动削弱了店内的正常经营。"

实际分析结果是，某些高价商品照样卖得好，某些廉价商品照样不好卖。不买的理由显而易见，是颜色、款式、尺码和功能等商品自身出现了问题。其实，我想告诫各位的是，出现问题不可怕，可怕的是推卸责任，钻牛角尖。只要能实事求是，养成按照数据办事的好习惯，就一定能够做到排除万难多卖商品。

⑶ 生鲜食品的陈列

对超市来说，容易查找、便于查看、方便选购、触手可及的四大原理同样适用于生鲜食品的陈列，前进立体陈列等陈列原则也基本相同。但与干货食品（加工食品、日用杂货品）相比，还是有本质上的区别，考虑到生鲜食品独具的特性，更应该在陈列配置上适当地多下功夫。

　　生鲜食品保鲜度差，周转要快，不需要采用费时费力、复杂的陈列方法。由于顾客光顾频繁，商品挑选仔细，陈列形状很容易凌乱，更需要频繁对商品进行理货和补货。

　　陈列柜分冷藏和冷冻两种，不仅很难像货架陈列那样摆出立体感或连续感，还很容易让人产生是后退平面陈列的感觉，具体操作起来十分棘手。

　　蔬菜和水果的陈列既不能定型，也不稳定。菜叶易掉，易腐烂变质，渗出的脏水也容易污染陈列柜。对每一种陈列中的食品，管理上都要倍加呵护。

　　生鲜食品多属于料理用的原材料，从用途的特性考虑，安排陈列上的排列和关联陈列十分重要。陈列上，按使用目的和使用方法分组的分类法（做蔬菜沙拉用的蔬菜类、做盐烤鱼用的鱼类等）和确定这些分类的排列顺序，对决定顾客能否方便购物尤为重要。

4. 单品的管理流程

(1) 什么是单品管理？

即便陈列工作做得很好，如果经常发生商品断货或因订货数量大导致商品凸出货架，甚至堆积到通道上的情况，也不能算是一流的好卖场。要想做好日常维护工作，就必须努力做好商品管理工作。管理商品不单单是缺货补货，库存大就减少订货这么简单。

正确的商品管理是提高卖场效益，完成预定销售计划，提高工作效率。在此基础上，进一步改善卖场的部门构成和商品种类配备，以满足消费者的需求，最终把卖场打造成真正服务于百姓生活的场所。为此，商品管理应摒弃按金额的管理做法，应该按数量实施管理。

掌握每一品目的销售量，合理安排适当的陈列（库存）数量，这就是单品管理。单品管理是指以每一商品品目为单位进行的管理，强调的是每个单品的成本管理、销售业绩管理。它是零售商根据企业的营销目标，对单品的配置、采购、销售、物流管理、财务管理、信息管理等活动实施的统一管理，既管理单品又管理单品的金额，既管理单品的进货价格又管理单品的流通成本。

如果每个品目（单品）的计划销售量与实际销售量能达到完全一致，首先产生的效果应该是不再发生缺货和库存过剩的情况。订货量是按销售量而定，完成实际销售量当然就不会产生缺货或库存过剩的现象。不再发生缺货现象必然会减少商机损失和信誉损失，不再发生库存过剩现象也必然会减少库存费用损失和降价损失。防止上述损失发生是单品管理的第一要素。

由于销售工作能按计划顺利实施，销售业绩必然会按计划稳步增长。具体工作按计划展开不仅能减少作业损失，还能更进一步促进计划的顺利完成以及更加合理化。总之，推进单品管理的第一目的就是为了减少商品浪费，避免作业损失，提高工作效益。

(2) 单品管理目标

目的是为了准确掌握库存数量。每个单品的库存数量应该按前一周（或者前一个月、前一年）的实际销售量计算。但对不同的品目，可以在以往实际销售量计算后的基础上，再加入卖场的具体销售思路。即，用陈列的形式表现出它是重点商品的追加部分。

按上述想法制定的库存量还需再修改，修改的根据是现在的数据资料。以往的数据不一定能真实反映出今后的实际销售业绩，去卖场实地调查和了解现在的实际销售额，以此为据修订出合理的陈列数量。

对于几乎没有实际销售业绩，合理陈列量等于零的单品，应该立即从管理商品目录中取缔，换上新品目。在掌握合理的陈列量的同时，掌握合理的补货期和合理的补货量也是单品管理的目标。按照单品的销售量和陈列量，确定每周一次或两次的合理补货期。根据补货期的间隔时间，确定补货量，决定补货的方式。

如果你认为合理的陈列量已经不需要经常调整，那么此时就没有实施单品管理的意义。随着消费者购物行为的变化，单品的销售量也会发生变化，你必须根据变化随时合理地调整库存。为此，要不断掌握卖场情况，把实际销售数量数据化，这是做好单品管理的基本条件。

单品管理不是管理好特定的品目就万事大吉，更要把握住整体的库存量与作业之间的平衡点，集中精力于重点部分，减少每一个不必要的浪费。为此，把每一个单品的陈列数量、补货期和补货量都修订得恰到好处是单品管理的目标之一。

⑶ 改善商品组合

通过单品管理可以取得每一个单品销售量的具体数据。这个数据不仅有助于确定每个单品销售量所需的库存数量，也是修改和完善商品组合的重要数据资料。

即便同属一个品种，每个单品也需按实际销售数量确定它在货架上的陈列位置。购买频率高的商品、附加价值低的商品应该摆放在货架的低层部位。店方主推的重点商品应该摆放在方便查看、触手可及的货架的中间层。周转率低的商品应该摆放在货架顶层部位。一旦发现顾客不喜欢或不购买的商品，应立即下架，更换新产品上架。

掌握每个单品的实际销售业绩，对最终确定该单品的陈列位置、饰面数以及是否列入管理目录等，提供了重要的参考依据。另外，通过掌握品种内不同单品的动向和整个品种的动向，对于了解顾客的消费动向，研究商品组合，完善符合百姓生活变化的商品种类配备等非常重要。总之，为打造服务于百姓生活的一流的优质卖场，有必要掌握他们现在采购不同单品的现状以及未来单品的采购倾向。无论诚意多大，工作多认真努力，只要商品组合不能与消费者保持一致，就不能说我们的工作做到家了。

总之，通过数量掌握卖场经销商品的动向，减少商品损耗和作业浪费，为顾客配备满意的商品种类。单品管理正是为实现上述目标及改造和完善卖场，来收集和存储以及有效地利用该数据的。

(4) 确定饰面数

① 回转率的固定化

"销售量与库存量成正比"的意思是指该单品的销售量决定了该单品的库存量。如果把该法则运用到确定商品的库存量上，用"销售量÷库存量＝商品回转率"在商品管理上，能够让每个单品的回转率都固定的话，其意义非凡。它能保持商品鲜度，定期有计划地实施补货工作，减少损耗，提高效益。

商品回转率不固定会打乱每个单品的补货周期，不能按计划补货又会直接导致商品断货。特别是畅销商品的库存量少会导致补货频率高，增加补货次数，加大补货的经费支出。错过补货机会又会引发商品断货，缺少重点商品的卖场必将失去往日的魅力和光彩。因此，为了实现合理的商品组合，在品目编成阶段，确定每个单品的合理库存量是关键。

②饰面数的增减

在遵守"销售量与库存量成正比"原则的同时，是否还能为强调重点商品而增加库存量呢？

如果希望把重点商品的库存量（在品种内）加到最大，但现实中它的销售量尚未达到最大值时，它的销售量与库存量将变得不能成正比。在此，需要做些技术上的处理。销售量最大的品种（单品）库存量也必须最大。原则上，特别推荐的重点商品的"最大库存量"只要是看上去最大即可。即，重点销售商品的销售量与"最大库存量"不需要真正成正比，只需是"表面上的虚假最大"即可。在肉眼能看到货架的那一面摆满商品，货架里面或下面使用看不到真正商品的虚设陈列也没有关系。这时，把肉眼能看见的商品列数称为"饰面数"。一般把商品的正面称为饰面，把正面的列数称作饰面数（只与叠放几层有关，与里面放什么无关），参照图表 3-4。

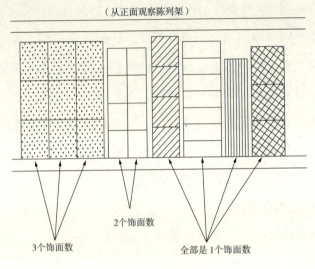

（从正面观察陈列架）

3个饰面数

2个饰面数

全部是 1 个饰面数

图表 3-4　饰面数的算法

事实上，影响单品销售量的不是库存量而是饰面数。对购物者而言，他们是从饰面数上感知商品数量的多少（这与里面看不见的商品数量毫无关系）。因此，应把上面谈到的"每个单品在单价和质量上无大差距时，销售量与库存量成正比"的原则修订为"每个单品在单价和质量上无大差距时，饰面数与销售量成正比"。同样的意思，"把重点商品的陈列量加到最大，积极地推荐"这句话也可以修订为"把重点商品的饰面数加到最大，积极地推荐"。由此我们得出的结论是，卖场的商品数量有库存量和饰面数这两种计算方式，分别具有重要的意义。

为实现合理的商品组合，在确定每个单品的库存量的同时，也必须确定它的饰面数。

③饰面数管理

每个单品的销售量不会一成不变，它们之间的差别非常大。所以，商品的库存量必须按每个单品来修订。另外，随着季节的变化，销售量也会变化。当然，不仅受季节变化等自然条件影响，商家的努力程度——人为因素也影响着每一种商品的销售情况。

在卖场有限的空间里，要想高效地盘活各种商品，实现合理的商品组合，需要不断改变每个单品的库存量。而只有通过不断地摸索和观察饰面数的变化，才能真正掌握变更库存量的规律（即便库存量相同，也可以改变饰面数）。

以往有些几乎无人问津的单品，其不被买走的原因并不完全在该单品的价格和质量上，有时问题出在陈列方法上。相反，由于开始时畅销，库存量被定得很高，而后来不再畅销时又没及时调整库存量，导致商品回转率降低，鲜度下降，加剧了滞销。这也是卖不动的原因之一。

为避免犯上述错误，需要我们经常探讨和不断修订饰面数。这就是饰面数管理。

5. 商品货架的使用原则

⑴ 什么是好货架?

陈列商品的道具被称为货架。陈列方式大致可分为放置和悬挂两种。商品是否畅销货架功不可没,但货架本身并不需要太昂贵。货架应起到的基本作用是,突出商品个性,展示商品风范。好货架需满足下列三个条件。

①让顾客感到商品犹如悬浮在空中

顾客不可能看上一眼就能搞清商品的优点或区分出质量的好坏,很多时候需要借助货架和背景装潢来烘托商品的价值。例如为烘托进口商品的珍奇与名贵,需要为它们配备最好的货架来陈列,设计高档的装潢为背景。现实中,许多商店不经营这种高档商品,因此只需配备细小、轻薄的货架即可。支柱粗细、隔板薄厚以及支架大小不重要,只要能承受商品重量即可。应该根据商品的特点,视情况把不锈钢货架换成玻璃货架,或把铁制的货架换成硬塑材质的货架。

所谓商品悬浮在空中的状态,其实并不是让商品飘浮在空中,而是不希望货架显示出自己的存在。使用轻便廉价的货架,结果还能节约成本。不让货架引发注意本身就是希望商品不借助外力,只靠自身的能力来展示自我。因此,如何能让商品真正展示出自身的特点，给顾客感官上带去刺激，还需要在现实工作中多下一番苦功。

②具有可变性

可变性就是变化。商品在全年 365 天里，不可能每天一模一样。拿服装来说，冬季穿厚毛衣，夏季穿薄针织衫。我们生活离不开的洗衣剂，包装也年年变小（小型化）。以食品为例，消费者不仅需要物美价廉的大包炸薯片，更需要打开一次就能吃光的小包装炸薯片。商品的薄厚和包装的大小都在变化，货架的陈列间隔也需要随着变化而不断调整。

货架要简单轻便，不仅要便于正式员工的使用，也要充分考虑到临时工操作的便利。还是以服装为例，服装需要经常变换商品配置，所以货架的重量不应该超过两个人能搬动的重量，最好使用可移动式衣架。

变化不是由装潢或陈列道具带来，永远要靠商品自身去表现。货架不是主角，应该努力成为商品的好后勤，努力做好幕后的工作。

③具有互换性

互换性顾名思义，就是能够相互交换的意思。商品在成长期被放在卖场的前半部分，步入成熟期后被放在卖场的中央部分，跨进衰退期后又被转放在靠里面的墙壁附近陈列。

采用尺寸大小相同（标准尺寸）的货架，方便所有卖场共同使用。服装卖场最重视冬季服装的陈列，应选择宽 4 尺（约

120 厘米），能并排摆放三个饰面毛衣的货架最理想。家居百货部门的商品比较大，4 尺是最小的基本单位。食品部门 3 尺（90厘米）货架较多。食品的个头小，3 尺货架的使用效率更高。

应该限制挂钩和隔板等配件的种类。种类过多会给店方管理带来不便。现实中，我曾看到许多商场的仓库里都堆放着大量无用的配件，据说一年之中用不上几次的配件占整体配件的80% 以上。限制配件种类的意思是尽量选购那些使用频率高和在任何货架上都能使用的配件。但服装、食品和家居百货部门的货架配件最好不要互换使用。尽管统一使用效率高，但每种商品都有个性，有些配件在食品陈列上使用方便，但用在服装陈列上却略显俗气。有些在服装上方便实用的配件也许承受不住家居百货商品的重量。现实中，这几个部门也没有发生过互换配件的实际例子。

各式各样美观大方的货架一旦被用在陈列上，就必须收敛起来隐身于商品的身后。货架的种类过多还会导致难以清洁，货架反而更容易脏，让人感觉档次不高，留下不好的印象。以前我曾对多家商店里卖场的货架做过比较和调查，那些采取低成本运营，整体上感觉不错的卖场，其实配备的货架和配件种类很少，高度也基本集中在 2 ~ 3 种之内，并且货架本身看上去也不那么喧宾夺主。

卖场在变，货架使用要以变化为前提。在货架的问题上，眼光不要局限在局部，要重视以活跃商品为目的的卖场整体的统一感觉。我认为，这才是货架应有的正确姿态。

(2) 货架的特性

①商品与货架

陈列商品的货架种类很多。服装方面惯用玻璃橱窗、展示架、衣架、舞台、展桌（落地架、花车、收银台）。通过与商品组合巧妙搭配，最终完成卖场布局。家居百货方面（日常用品、装饰品等）惯用普通的陈列货架（以分层式为主，也可悬挂陈列）。食品方面，生鲜食品惯用冷藏柜，加工商品惯用不锈钢陈列柜。礼品和点心卖场一般使用玻璃展柜。

②货架尺寸

货架尺寸种类繁多。货架随着季节变动而被移动，最好选择可以任意组合、相同尺寸的货架。货架的标准进深为 45 ~ 60 厘米；宽度是 120 厘米、150 厘米和 180 厘米，3 种尺寸几乎同时并用；高度是 90 厘米、120 厘米、150 厘米和 180 厘米，根据商品选择高度。童装衣架高 90 厘米，女装衣架高 120 厘米。日用百货货架高 150 厘米，食品货架高 180 厘米。最近卖场出现了一种降低货架高度，重视视野开阔的倾向。

在选择玻璃展柜、陈列柜和收银台时，一般会选择进深 60 厘米，宽 120 厘米（60 厘米 ×2）或 180 厘米（60 厘米 ×3），展台选择 60 厘米的四方形。它们之间方便自由组合，也被称作模块尺寸（参照图表 3-5）。

图表 3-5　陈列柜架的尺寸

陈列架种类		长度(D)	宽度(W)	高度(H)
玻璃展柜		450/600	900/1200/1500/1800	900/1200/1500/1800
墙壁陈列架		450/600	1500/1800	1800/2100
岛式陈列架	单面	450/600	900/1200/1500/1800	1200/1500/1800
	双面	900/1200	1200/1500/1800	1200/1500/1800
单衣架		450	600/900/1200/1500	900/1200/1500
舞台		450/600/900	450/600/900	100/150
展桌(平台)		600/750/900	900/1200/1500/1800	750/800
收银台		450/500/600	900/1200/1500	700/750/800

注　单位：毫米。D=depth(长度)·W=width(宽度)·H=height(高度)。

6. 陈列高度与触手可及的范围

(1) 有效的陈列范围

店内的屋顶过高或过低都会让顾客感到压抑。屋顶过高会让顾客感到威慑力和空洞感，过低会让顾客感到压迫感和粗糙感。

屋顶的高矮与店内面积的大小密切相连，高度一般控制在3～4米的范围内效果最佳。3米以下会感到有点低，而4米以上又会感到有些高。差距越大，越容易让人感到前面提到过的那种压抑感。

以经营高档商品为主的商店为例，屋顶低矮容易让人感到粗糙（廉价感），而过于高大也会给人压迫感（难以进入的感觉）。经营日常生活用品的商店，屋顶低矮给人压迫感（被强迫的郁闷感觉），过于高大也容易给人空洞感（商品不丰富的感觉）。

3～4米高度的屋顶恰好是人手能够到商品的有效范畴（有效陈列范围的上限）。所谓的有效范畴是留给顾客快乐购物和舒适逗留的有效空间。

便于查看和触手可及是商品的有效陈列范围，经营高档品店铺的陈列上限和下限的范围一般都偏小。具体范围请参照图表3-6。下限为从地面算起至60厘米（有存储空间的情况），中间的 180 厘米为有效陈列范围，上限为 210 厘米以上。

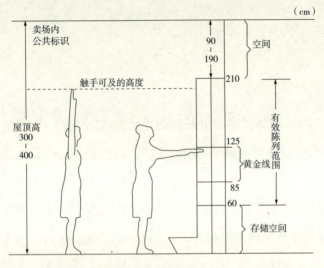

图表3-6　有效陈列范围　(cm)

(2) 黄金线（空间）

在有效陈列范围中，最方便查找的高度被称为黄金线。在商品销售上，是最值得期待的具有黄金一般价值的有效陈列范围。

为什么把"高度的位置"称作线呢？其实，无论哪家商店都把这种高度的位置视为有效陈列范围，被视为基准线。一般来说，比平行视线低 20 度的地方是该范围的中心点，在上高 10 度至下低 20 度之间（范围）。参照图表3-7。

归纳的结果如下：

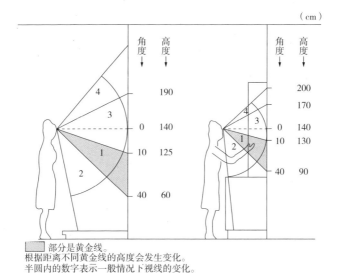

（cm）

部分是黄金线。
根据距离不同黄金线的高度会发生变化。
半圆内的数字表示一般情况下视线的变化。

图表3-7　黄金线　(cm)

< 触手可及的高度 >

· 伸手能够拿取商品的高度……150 厘米～ 180 厘米；

· 屈身能够拿取商品的高度……60 厘米；

· 拿取商品的最佳高度……75 厘米～ 150 厘米。

< 手向左右能够伸展的距离 >

· 从身体中心部位最大伸出距离……90 厘米；

· 充裕伸出的距离……40 厘米～ 70 厘米。

因此，从站立的位置向左右伸出双手能够触及的范围（40厘米 ×2=）80厘米~（70厘米 ×2=）140厘米。当然，还需根据不同人的身高而定，需要掌握来店顾客的年龄层和平均身高等基本资料。

⑶ 空间密度与顾客的心理

漫步在街道上的行人停步在陈列橱窗前，让他作出是否要进店购物的决定，只需短短 11 秒钟。让顾客瞬间作出决定的是商店形象，即店外的陈列橱窗和店内展示台上重点商品的诉求力以及店内（卖场内）空间密度给予他们的强烈冲击。

在顾客的眼睛没有扫过任何一件商品前，他们是通过直观获取卖场整体的充实度和商品的丰富感来认识该店的。例如求购普通生活日用品的顾客，他们会对有丰富感（空间密度高）的卖场感兴趣。相反，对高档品有需求的顾客会喜欢能够突显有高档感觉商品（空间密度低）的店铺。因此，卖场的空间密度不仅与经营的商品和卖场的地理环境息息相关，还直接影响不同的顾客群体进店，决定着店家的经营风格。

计算空间密度标准的公式是：把卖场整体（全部空间）设定为 100，除以内部所有东西（商品、陈列设施、装修等）的数量，等于空间密度所占百分比（%）。当然，不可能有更严谨的测算方式，姑且让我们凭直觉，按下列公式计算。

空间密度＝平面的货架合计面积 × 各陈列线高度 ÷ 卖场

全部空间（平面面积 × 屋顶高度）。

零售实体店的空间密度大致如下：

· 百货商店（普通卖场）……空间密度 20% ~ 25%；

· 百货商店（特选卖场）……空间密度 15% 上下；

· 日式超市……空间密度 30% 上下；

· 高级专营店……空间密度 20% 上下；

· 普通专营店……空间密度 30% ~ 35% 上下。

此外，空间密度不仅与视觉有关，除了上述的计算方式外，还受店铺的色彩、照明、设备等用材（明亮感觉空间密度低，灰暗感觉空间密度高）、商品的陈列方法（堆放陈列 = 摆放、堆积、散投，挂吊陈列 = 挂、吊等）的影响。

(4) 视觉追踪

视觉追踪是通过计算机技术追踪眼睛的动向，是卖场为提高效率采取的一种调研手段。随着测定眼睛动向的计算机技术不断进步，作为了解快讯广告、张贴广告、包装装潢、卖场配置、商品展示以及户外广告牌等的实际效果，被广泛采用。视觉追踪的优点在于它不是记忆，而是直接测定实际发生的行为。

通过用视觉追踪手段观察陈列方法，可以准确了解到顾客在观看卖场展示活动和商品的包装时，什么吸引了他们的眼球，什么又让他们看不上眼。

通过视觉追踪装置能够直接监控顾客在关注商品、POP、包装、商品演示时所用时间的长短、观看时的表情和方式。换句话说，通过追踪顾客眼睛的动向，捕捉他们的动作，测定时间后，可以为店方提供顾客花费在观看上的时间、观看的内容、观看的顺序、观看的次数等相关数据。通过这种方法，可以充分了解消费者是如何识别商品，如何观察事物，如何阅读文字，关心什么，又会看漏什么。通过视觉追踪装置还能够掌握顾客进店后，眼睛先看了什么，是否按照卖方的最初设计巡视了店内，是否进行了购物。

总之，与其他沟通交流手段一样，整个卖场都要齐心合力地把许多重要的信息，如价格、质量、商品种类配备等信息传递给客户，用诱惑力极强的商品引起顾客的高度关注，唤起他们的购买欲望，让他们实际购买商品。其实，像那些陈列工作做得好的卖场，就能普遍引起顾客们的关注，结果导致消费者真正掏出腰包买东西。

现在，许多商家都经营着雷同的商品，用相同的价格开展竞争。我们应该认真地思考，找出为什么顾客不在 A 店而非去 B 店购物的真正原因。问题的关键是如何把顾客吸引进自家店，为此必须具备吸引顾客关注的力量。

商店的入口或者外观是顾客眼睛最初接触的地方，也是店方最早向顾客传递企业形象的地点。首先，店方要利用外观给顾客留下美好的企业形象。其实，当顾客走近商店看到卖场后，脑袋里就像有架照相机连续拍照一样，脑海里急速地留下了对该企业的印象，它决定了顾客是否进店。

要想不漏掉顾客射来的第一瞬间的视线，牢牢吸引住他们的目光，只有满足他们的下列条件。

·感觉上的魅力

顾客能否喜欢上该店？重要的是要为他们创造出愿意多待上一会，愿意花时间多逛逛的舒适气氛；

·店铺的印象

该店给顾客留下什么印象？必须是能吸引住顾客目光的真实有效的东西，不应该是那些虚假低俗的表面文章，必须是价格与价值、感觉上的魅力与布局浑然一体。

·设计上的功能

卖场通过前瞻性的优秀设计，完全能够吸引顾客的关注，诱导他们跨入卖场。即，通过顾客行动路线、货架高度、尺寸等，提高购物中顾客的关注度，诱使顾客沉迷于商品的采购中。以上因素直接关系到顾客满意度，极大程度上左右着商店的营业额。

第4章

视觉营销（VMD）

1. 什么是 VMD？

VMD 是英文 Visual merchandise design 的缩写，意思是视觉营销。它是一个既古老又新颖的词汇。V 是视觉化，MD 是商品计划，两者结合的目的是诉诸视觉化（V），通俗易懂地表现了商品的优点（MD）。与 VMD 意思基本相通的词汇是 VP，是英文 Visual presentation 的缩写，与 MD 一样，是吸引顾客第一视线的重要演示空间。

⑴通过 VP 传递 MD

使零售商利润达到最大化的方法是商品计划（MD），它是商品策略和采购策略的具体体现。VP 是指通过视觉上的诉求演示商品。

众所周知，无论哪家商店都经营着种类繁多的商品。在日常生活用品上，有蔬菜、肉类、水果、日用品、内衣、袜子、衬衫等。在生活奢侈品上，有正装、风衣、电视、家具、电脑等。进店购物的客人也五花八门，有携带小孩同行的三四十岁的中年夫妇，有满头白发的老年男女以及可能是刚刚搬到郊外，住在独门独户或普通居民小区里的新居民。

VMD 就是为了让所有进店客人，包括儿童、老年人和初次进店的新居民在内，都能轻松地发现和一目了然地找到性质完

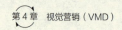

全不同的商品，如原材料、味道、鲜度、容量、质量、使用的
方便程度、尺码、式样和功能等。

因此，与其"极力美化地展示商品"，不如"实事求是地展
示商品"。如果只刻意追求"极力美化地展示商品"，那么那些
生活奢侈品（相对高档的商品）就成为 VMD 的中心。相反，如
果能"实事求是地展示"，那么任何商品都可以成为它的对象。
所以，VMD 不是专属大型百货商店或各类专营店的技术，与所
有类型的商店都息息相关。

例如，玩具的 VMD 在卖场应该如何表现呢？如果刻意追求
"极力美化地展示"，在展台或货架端头大量陈列玩具或夸张地
装饰美化，看上去商品光彩夺目，但小顾客们未必会高兴地购
买。因此，不如把电视中超级走红的商品摆在卖场，让它们像
在电视画面里一样翻腾跳跃，发出响声，或许更能博得孩子们
的欢心。因此，与其一味地追求"极力美化地展示"，不如经常
更换样品玩具里的电池，让玩具持续不断地发出声音，闪烁光
亮，翻腾跳跃，这才是玩具的理想 VMD。

⑵ 店铺（卖场）形象的具体表现

MD 中包含商品计划和采购政策。商品由商品计划决定，采
购政策按企业和商店的经营理念实施。

把工厂生产出来的产品最终交付到消费者手中，需要经过
无数次筛选（参照图表 4-1）。首先，在市场提供的信息和消费

者需求的基础上，工厂里的技术员和工人对商品生产的可能性进行反复调研，通过无数次成功与失败的试验，生产出符合企业理念的产品，最终提交到重要会议上讨论通过。所以，假设有 100 个好建议，能够真正落实并化为生产力的最多只不过有三四种产品。即便是仅剩下的三四种产品也不可能全都成功地摆上商店的柜台，企业（商店）要根据自身的采购政策和消费者需求，决定是否进货。因此，VMD 不仅表现了商店里不同商品的风格与特点，还传递出属于该商店（卖场）采购政策的经营理念。

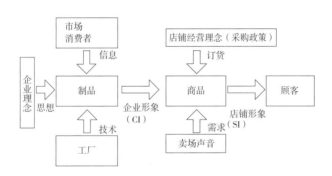

图表4-1　向顾客传递店铺(卖场)形象的VMD

以经销松阪牛肉、神户牛肉和近江牛肉等高档牛肉的店铺为例，由于售价高（100 克售价高达 1000 日元以上），均被视为"高档店"，只有高收入者光顾。相反，经销进口牛肉的商店却一律被当成"廉价店"看待。其实，只要能按照顾客的需求，即便售价不菲，只要能推出方便顾客选购的涮肉用、烤肉用、烤牛排用和涮锅用等各式各样配套的牛肉选购推荐菜单，"高档店"完全可以摇身一变成为"方便选购烹饪原材料的便利店"。

"极力美化地展示"是"实事求是地向顾客传递店家的形象"。顾客在看见、触摸、采购、使用和了解商品价值的同时，不知不觉中也提高了企业（卖场）在自己心目中的形象。

⑶ 综合促销活动

商品品质再好，如果只是简单地摆放，肯定无人问津。"今年流行色是彩色方格图案。"在促销员的推销下，"那我就买下吧。"顾客会稍许犹豫后掏钱买下。正因为此前顾客已经在商店的正面橱窗或走过的展示台上看过了它的陈列，才发现了它。

威基伍德是国际知名的大品牌，但图案雷同的商品也很多。如果只是随意摆放，绝大多数人很难理解它的价值，分清它们的不同。只要打出"这才是英国的威基伍德"的宣传广告，并把它与其他商品分展柜少量展出，才能体现它的真正价值。

总之，只让商品本身的特征、促销员的促销手段、卖场的演示方法和广告媒体的宣传等各自独立发挥能量，不把他们的功能综合在一起发挥，商品是不可能畅销的。以快讯广告的促销活动为例，虽然店方为快讯广告上的商品组合和商品配置煞费了苦心，但顾客拿着快讯广告单到卖场后却找不到广告单上的商品，不仅买卖不成，反而让顾客徒增不满。又如，无论POP 设计多精彩，促销品制造多精致，但广告上的商品特征与实际商品明显不符，促销品与原品不一致，上述努力也将化为泡影。

　　VMD 就是贯穿卖场全部功能，统筹管理的促销活动。通过 VMD，把何物（什么商品），向何人（来店顾客），在何时（成长期、成熟期、衰退期），在何地（布局、货架、墙壁），用何手段（陈列、POP、装饰），串联起来持续不断地表现下去。

2. VMD 的目的与优点

(1) VMD 的四大目的

①最大限度地展示商品自身的价值

商品自身的价值是味觉、品质、使用的便利性、款式等综合体，重点是让消费者了解它的价值。

馈赠用礼品的销售需要设定方便选购的价格线，可以按照1000 日元、2000 日元、3000 日元的不同价格线分别编组陈列，以方便顾客采购。但价格不是固定不变的，根据时间、品牌、流行和竞争的情况，顾客追求的价值也会发生变化。

把商品最终摆在卖场需要经过无数人之手和多种阶段，期间肯定会有大家都认同的某些价值。所以，应该找出这些商品价值，大胆地把它们传递给每一位消费者。

②向消费者准确传递重点商品的信息

消费者根据季节的变化和生活的需求购物。他们从电视和杂志上以及邻里、同事的口中获取需要采购商品的信息。因此，向消费者及时和准确地传递本店重点商品的信息十分重要。如果我们能在每年六月份的甜瓜上市季节，在卖场里让进店客人轻松地发现甜瓜，并有机会请他们品尝，肯定会唤起他们的购买意愿。如果能在卖场里请顾客亲手操作电视里热播的空调机，必定会刺激他们的采购欲望。

最近的商品出货倾向是购物集中在某些特定商品上（多样化中的集约化），而且是在短时间内完成集约化。这就要求商家能从经销商、顾客和竞争店那里早早地获悉顾客追求的商品信息，在醒目的场所，安排充裕的空间，确保商品种类配备齐全，尽早地开展销售。另外，只要店内悬挂的"店长特别推荐商品！""最热销的商品！"的广告内容名副其实，这种信息的传递方式应该最有成效。

③店内促销

营业额上不去，店内促销就等同于店内游戏。但游戏与快乐又不同，游戏是单靠自己的喜好选择商品，凭自己的兴趣布置陈列，最终达到娱乐自己的目的，完全不顾营业额的好坏。

例如从采购部门获知今年的重点商品是花纹图案的 A 字裙，但女装部具体负责人偏爱短裙，她不仅没给人体模特穿上 A 字裙，反而穿上自己喜欢的短裙。由于短裙不是重点商品，结果导致了追加订货不理想，不仅产生断码、缺货，更容易让顾客产生不满情绪。

快乐是要求从采购人员到销售人员、商品配置人员、售货理货人员，全员都按照预定计划，选定重点商品，通过在卖场开展积极的促销活动，达到提高营业额的目的，最终皆大欢喜。

④为所有商品都创造畅销的机会

通过对行动路线的调查，意外发现顾客并没有逛遍整个卖场。假设顾客能找到目标的卖场，但寻找过程耗费了大量时间，即便不远处还有更好的商品在等待他们，他们也不会再继续逛下去。因此商品再好，无法发现就不能购买。

滞销商品并不都因为商品的质量或款式有问题，有可能是因为顾客没看到或没察觉到它的存在而没有购买。所以，不能对滞销商品采取一刀切的策略，要根据以往的数据和对顾客的调查结果，在详细了解顾客对该商品的需求期和采购期后，定期地（按日、周、月或季度）把它定为重点商品，摆在顾客容易找到的地方展示，或许某天它会一跃成为畅销商品。

有些商品在进入卖场前就已经是大众熟知的畅销商品，例如电视广告中的热销商品或部分应季商品。但有些商品却需要在进入卖场后，由工作人员煞费苦心地把它打造成畅销商品。请大家相信，厂家是不会有意生产卖不出去的产品，采购部门也不会有意采购卖不动的商品。卖不动的真正原因是卖场的销售方式和演示方式有问题，这才是需要努力改善的方向。

(2) VMD 的六大优点

坚持 VMD 会产生奇效吗？

①对顾客而言，商品容易查找，便于查看，方便选购

把顾客欲购商品陈列在容易查找的地方，方便选购。顾客进店后，先是找不到商品陈列在哪里，后经几番努力还是找不到欲购商品时，心情会格外烦躁。

一般而言，每一位顾客都不希望花费太多时间采购生活必需品（食品和日常消耗品等商品）。例如在购买洗碗机时，虽然每一位顾客心里都希望能有机会从众多款式的洗碗机中挑选，但实际上他们根本不会左挑右选，会在很短的时间里毫不犹豫地选定商品。当顾客在生活用品专区的端架上看到集中陈列的防灾用品后，往往会顺手买上 1、2 节电池留作备用。当顾客在服装展区看到人体模特身上穿的初秋时节的针织装后，有时也会心动，冲动地买上一件。

总之，卖方应该通过研究具体数据，及时掌握顾客的商品欲购期。在顾客的欲购期，把希望销售的商品适时地陈列在显眼的场地，不仅方便顾客购买，也能提高企业的营业额。

②对店铺而言，能激活卖场

再小的卖场，顾客也不会从头至尾逛个遍，更不要说能够看遍全部商品。何况大型的购物中心和百货商店，不仅有成千上万种商品，还有许多购物死角以及顾客难以知晓的地方。

虽然可以从 POS 系统获取必要的数据，但如果轻视视觉管理，就无法发掘新产品和热销商品。为此，应按照以往数据和市场变化制订的营销计划选定重点商品，研究重点商品畅销的背景，制定促销的重点主题。例如每年 1 月份的第一个星期，游戏机最畅销，原因是家长都会买给孩子作为新年礼物。冰箱和洗衣机在 5 月份的第五个星期卖得最好，原因是日本人习惯在 5 月份集中举办婚礼以及各企业都发放上半年奖金。在研究

每种商品的生命周期时，我们发现无论哪种商品每年都至少会有一次抛头露面的机会，只要能让它们多接触到顾客的眼球，自然会大大增加售出的机会。

只要坚持实事求是的原则和遵守商品数据的自然法则，不断变换陈列位置（不是所有的卖场和商品），布置吸引顾客眼球的陈列，即便是那些曾经的滞销商品有朝一日也可能鲤鱼跳龙门，一跃成为畅销商品。

③对售货员而言，能保证作业程序的公式化

VMD 不是根据售货员的兴致与爱好，而是遵循一定的规律陈列商品。VMD 如果不与企业的营销计划紧密结合，不仅影响销售额增长，更额外增加售货员的工作量。

每周营销计划中（通常全年为 52 周）包括重点商品（畅销的应季商品或者现在的必卖商品）、重点主题（重点商品的畅销理由、与促销相关的主题）和销售目标等内容。在此基础上，着手编制 VMD 计划，确定在何地（卖场布局）、使用何物（货架、装饰、POP 等）和通过何种手段（宣传商品、强调价格、促销活动等）把它传递给消费者。

VMD 计划由促销部门主导实施，经由销售部与商品部的定期磋商最终确定。销售人员应严格按照该计划书（操作指南）开展工作。

④对管理者而言，是共同的检查条例

卖场发生的问题中，许多都是类似"说过！""没说！""指

示过！""没听过！"等沟通上的问题。卖场管理者每日的检查重点应该以"现在向谁卖出了什么商品"为主。从这一意义上说，管理者完全可以同样利用作为销售人员操作指南的 VMD 计划书，开展自己的核查工作。重点商品的货源是否充足？品种是否齐全？陈列是否醒目？重点主题是否真正传递到消费者的耳边？只要管理者能与销售人员共同使用相同的办法、共同的语言和拥有完全一致的目标，必然会避免或减少与销售人员在沟通和交流上产生的问题。

销售人员按照 VMD 计划书所定的操作指南开展工作，管理者按照该检查条例核查工作计划的实施情况和企业营销策略的落实情况。

⑤对商家而言，能够提升对店铺形象的信赖

店铺（卖场）形象是指该店铺（卖场）能否达到消费者期待中的形象或者能否达到店员期待中的形象。

百货商店给人的是高档次感觉，一般形象都不错。相反，折扣店商品廉价，让人联想到寒酸，形象不佳。如果所有的人都这样认为的话，在卖场实践的 VMD 全都应该是高级别的印象。但如果顾客真正期待的是廉价商品，过于花俏的 VMD 反而不合时宜。这时最好使用红色或黑色的魔术笔，在黄底的商品标签上草草写上价格和品名，或者把商品胡乱堆积在平台上，故意给顾客造成廉价的印象。

表现企业（卖场）形象的 VMD 不是只有一种模式。由于各

店和每家卖场的形象不同，让业态不同的 VMD 争出优劣，意义不大。从顾客角度上看，卖场陈列的商品体现着商品本身的价值，他们会在不知不觉中加深对该店（卖场）形象的印象。这点十分重要。所以，在顾客心目中，陈列高品位商品的商店是高档商店（价格高的商店），而每周都推出打折商品或廉价商品的商店必然是低档商店（廉价商店）。

⑥ 有利于削减成本

每当说到 VMD，许多人脑海里立刻会浮现出在服装卖场里使用装饰物或登上梯子在墙壁上到处打射钉枪的作业。大量使用装饰物是想向顾客传递从这里到那里到处都有我们推荐的商品。但从顾客的角度上看，装饰物过于显眼反而让他们搞不清哪些才是店家真正希望推荐的商品。其实，商品越是卖不动，商家反倒是越想多花钱和时间安装过剩的装饰物，企图吸引顾客的眼球。

类似的情况在卖场经常发生，会导致唱主角的商品与演配角的装饰物角色本末倒置。其实，解决问题很简单，只要把必备商品、时尚商品和店方特别推荐商品在消费者最需要时，陈列在最容易查找的场地即可。换句话说，是按照 VMD 计划，把重点商品由后向前推移，从下面的陈列位置提升到上面最显眼的陈列位置（黄金线），从两端转移到中央，尽量陈列在光彩夺目、醒目耀眼的场地。这种作业被称为旭日初升，是为了少使用装饰物，而引起卖场变化的方法。它是否能导致降低成本，要看我们以商品为中心（装饰物降至最低限度）的想象力是否丰富，是否最大程度地发挥到而定。

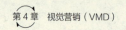

3.VMD 的流程

VMD 是一项综合性长期持续的促销活动。所以，即便拥有好商品，知道谁是目标顾客，如果销售时机、销售场所、表现方式等都持续出现问题，肯定也达不到预期效果。

小店也好，大店也罢，个人能力有限，完成工作需要许多人的协作与配合。如果搞不清楚自己所做的工作在卖场中能起到何种作用，就无法理解 VMD 的重要性。

作为有效沟通的窍门，有 5W2H 的方法。即："向谁（Who），把什么（What），在何时（When），在何地（Where），是什么理由（Why），怎么样（How），多少钱（How much）。"如果 VMD 按照上述流程展开，就会一目了然，通俗易懂了。再具体剖析的话，VMD 的流程应该是：向谁（诉求对象），把什么（商品及商品特性），在何时（销售时机），在什么地方（商品配置），用什么理由（表现方法和表现构成），使用什么（道具）。（参照图表 4-2）

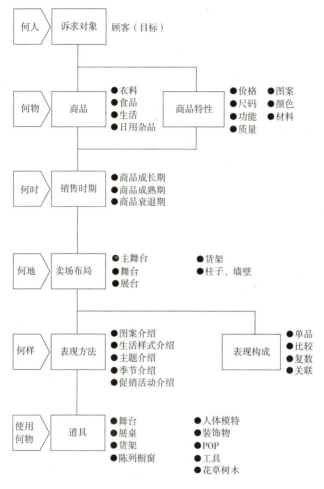

图表4-2　VMD的流程图

⑴诉求对象

首先,要确定向哪些顾客诉求。我们经常会使用"目标客户"

129

或"对象客户"这个单词，它的意思是指从众多顾客中有针对性地选择成为对象的顾客。是从走过商店门前的过路客、进入商店的进店客和采购商品的购物客中，选出符合当时目的和主题的顾客。

通常，各业态的主要顾客分别是：便利店是单身男女；超市是 30 岁至 50 岁之间的家庭主妇；家居中心是 20 岁至 60 岁之间的男女；超大型店是 30 岁至 60 岁的夫妇及其家人；百货商店是 40 岁至 60 岁的高收入者。另外，还可以根据目的和计划，进一步压缩顾客范围。

例如，在情人节的时候，根据业态和企业性质的不同，各自瞄准的目标客户也不一样。CVS（客户价值商店）主要把购买义理巧克力（赠送上司或同事）的女性作为主要目标客人。大型店主要把向丈夫赠送巧克力的家庭主妇为主要目标客人。而百货商店则是把到处寻找本命巧克力（送给喜欢的男性或恋人）的适龄女性作为主要目标客户。由于目标不同，进货的种类、销售的方式、展示的方法千姿百态无所不有，反过来不仅给顾客带来惊喜和快乐，也衬托出各种商店、每家卖场的存在价值。

其实，无论哪种业态店铺内心都期待着所有顾客都是自己的客户，但毕竟营业面积有限。另外，许多竞争对手的存在也要求商家必须压缩客户范围，重点选择客户群。要想成为能让顾客喜欢，对消费者有益的一流店，最优先的顺序是选好客户群。

⑵ 商品的选定

接下来，需要确定把哪种商品作为重点来销售。说起来简单做起来难，即便小小的 CVS 也有 3000 单品，稍大的超市有 2 万单品，再大的 HC 有 10 万单品，大型商店单品高达 15 万种之多，至于百货商店顾名思义，经销的单品达 100 万以上。

无论哪家店铺都希望有机会展示或卖掉所有的商品，但顾客不会逛遍一个卖场的犄角旮旯，更不会永远购买相同的商品。"为什么现在选它？"了解顾客现在最需要的商品，如果说不出令人信服的理由并无法取得众人的认同，将无法最终确定重点商品。

因为有了情人节，给巧克力带来与以往不同的含义。因为有女儿节，才有了甜酒的出头之日。临近春天的婚礼季节，400 公升以上的大型冰箱和全自动静音洗衣机才进入适龄女郎和其母亲的视线。同样是冰箱，对于刚刚参加工作的单身男女来说，他们对 100 公升的小型冰箱更感兴趣。

换个角度看，商品不变，但顾客在变，购物目的在变，商品具有的含义也在明显改变。

⑶ 商品的特性

选定商品后，接下来要了解商品的特点与风格。特点是指商品的卖点和拿手的地方，任何商品都会有二三个突出的卖点。商品（在工厂时称作产品）从出厂到上市，需要经过无数次的

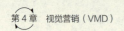

打磨和企业、商店、卖场的层层把关，应该有其独到之处。

　　例如有一种日式鱼料理叫"明石昼网"，如果让顾客获知它的特点是刚刚被捕捞上的活鱼，自然会备感香甜可口。我们平日经常食用的软罐头咖喱食品和桶装方便面，它们的特点是食用起来简单方便，如果再能把它在顾客的头脑里深深打上是户外活动时方便携带的食品的烙印，也许能为它开辟出一条新的畅销之路。在服装方面，对高个子的人来说，TL 尺码（特大号）、2TL 尺码很具吸引力，特色设计和流行色调永远都是服装界应该突出的特点。

　　了解商品的特点后就更容易向顾客介绍和推荐，不再需要做过度的展示。许多情况是由于不了解商品的特性（售货员不掌握商品特点），不得不倚重 POP 和装潢装饰，反倒轻视了商品自身的主张能力。其实，我们应该做的是：实事求是地展示商品的特性。

⑷ 销售时期

　　接下来，要确定在何时才把商品摆放到卖场上销售。按照陈列原则，把采购进来的商品摆放在容易查找、便于查看的场地销售很重要。但应季商品的销售期限短暂，应该尽早陈列到卖场，尽快售光。新产品在电视播放广告期间和平面广告宣传期间知名度最高，应摆放在最醒目的场所，并适当增加饰面数和陈列数量。

但是，对于其他的必备商品，用时间数列追踪它的营业数据制成坐标图后，通过观察我们可以清楚地看到，开始时是在慢慢上升，然后转入高峰，最后进入谷底。也就是说，高峰是营业额最高的时期，是顾客购买欲望的旺盛时期，而低谷时期与它正相反。

另外，从营业数据之外也能掌握商品的销售峰值。例如，家电卖场通过对什么时间举办婚礼多这一信息的调查，可以把婚礼作为主题改变家电销售的推广期。每年春季的3月至6月期间，峰值比较平缓（婚礼次数不集中）。从秋季的10月到11月上旬，婚礼次数猛增，直达最高峰值。此后，婚礼次数又一路下滑。所以，在春季只需简单地配合其他重点推销的商品和其他项目的主题开展销售，延迟推广期也无妨。但最晚应该从8月末或9月初开始着手筹办秋季的推广工作。

⑸ 卖场布局

布局决定商品的陈列地和展示地。任何顾客都不可能逛遍整个卖场，因此把商品摆放在主通道两侧的展桌、演示台、货架、货架端头、墙壁和柱子的上半部等便于识别和显而易见的地方是布局的基本原则。

大型超市和大型商场都会在通道尽头或醒目的场地设置吸引顾客的磁石商品和磁石点，目的是诱导顾客逛遍整个卖场。磁石原理作为卖场的基本原则适合所有类型的商店使用，是永恒不变的准则。

　　每次调查行动路线时，我都会对店内顾客经常光顾和不经常光顾地点的差距感到诧愕。租户付出同样的租金，但顾客很少光顾自己的展位，出售相同的商品但销售额却截然不同，的确有失公允。

　　因此，必须定期把商品摆放到顾客能够看到的地点，同时也应该赋予卖场的每一块场地平等的功能，就是说在店内的主要展台和特卖场展示商店（卖场）的重点主题，在各卖场的展台和展柜摆放该卖场的重点商品，在货架端头、墙壁、柱子、屋顶等展示该卖场的重点商品，引导顾客从入口处顺利进入每个卖场，甚至诱导顾客逛遍整个商店。

⑹ 表现方法

　　表现方法是如何表现商品和商品特性并把它传递给顾客的方法。要实事求是地展现商品的优点，这种"展示"也可以称为真实的"诱惑"。

　　比如，有些时候需要有意识地营造出杂乱无章的场面。如果想在生鲜食品卖场上营造出菜市场的气氛，整齐划一的表现方法无法让人感受到价格的低廉和鲜活的氛围，索性把包装箱堆在一起，弯曲的黄瓜装筐出售，整条鱼不作处理，生肉切成大块零卖，这样的销售方法才能给顾客留下廉价和新鲜的印象。

　　家用陶器不要整齐划一地摆在货架上销售，应该不规则地码放在平台上，标上产地名称，或许能给人一种是刚刚从烧窑中取出还略带余温的感觉。对于 VMD 来说，最重要的是通俗易懂地表现出该商品的卖点和经销该商品的意图和目的。

如果是单品的诉求，应该配上价格、性能介绍、设计、材质和尺码的说明等。如果是生活样式的诉求，应该是事先采纳顾客需求的建议。例如，随着节假日增多，如何享受周末的业余生活成为现实的主题，可以在"周末休闲服饰建议"里，统一推荐 T 恤、毛线衣、短裤、鞋子等。

在宣传主题上，可以打出"打造地球优雅环境（绿色环保）"的口号，收集简易包装商品、无农药、无染色商品，组成由 100% 自然材质打造的商品群，突出本店的特色。现在有一种倾向是宣传商品换季和宣传促销活动的开展时间越来越提前，形式越来越华丽，规模也越来越大。

越是在卖不动的时代，卖场越是应该积极为顾客多创造购买机会。

(7) 表现构成

决定商品的搭配组合。是用单品表现？是把商品进行对比？是把同一商品用复数演示？还是关联在一起？

单品是指包含特定自然属性与社会属性的商品种类，如衬衫、毛衣等顾客熟知的商品。对那些固定陈列率高，销售量较大的单品，采用单品表现形式效果极佳。因此，不是任何商品

都需要搭配表现，如何表现需要考虑该商品的特性。

对比的形式在强调希望推荐的商品和希望推销的商品时，效果最佳。例如，如果希望表现草莓很甜，不仅要请顾客品尝草莓，同时还要用 POP 明确标示出草莓的糖度，让人看到后会口水直流备感好吃。

对像吸汗衬衫、裙子等颜色和款式多的服装，最好采用复数表现形式衬托出耀眼的色调和丰富的款式。在关联上，一般都采用搭配的形式，甚至有些卖场竟然把冰箱、电磁炉和咖啡机等用途不同的商品搭配在一起关联陈列。

总之，关键是要根据顾客使用上的方便和商品的特性，最终决定表现构成。

(8) 道具

道具是辅佐商品表现的工具。只用商品表现是表现的基本方式，但对那些很难靠自身力量给顾客传递特性信息的商品来说，需要借助辅助道具来表现。

对于颜色暗淡的陶瓷器皿，可在胶合板上粘上彩纸或彩布，作为衬板垫在商品下面，衬托商品。对于家电产品，顾客不仅重视价格，同时也关注节电功能和售后服务等。因此，相比较服装和食品，更有必要借助 POP 等道具扩大对顾客的宣传力度，适当地加大 POP 的尺寸。

像玩具这种不转动起来、不拿到手里就无法做出判断的商品，最好为儿童准备专门的游戏台或玻璃展柜。对那些不试吃不识味的食品，试吃台是必不可少的。

像这样属于硬件的道具是为商品、商品特性和表现方法这些软件服务的。反过来说，没有软件的相伴，硬件也就没有存在的意义。

VMD 能否顺利实施，关键要看上述流程能否得以贯通并用。即使各单项技术都出类拔萃，但如果缺少整体上的串联，就不会有成效。反之，即使某些单项技术并不高超，但如果能从卖场的整体出发，坚持不懈地按照流程走下去，就一定能成功确立 VMD 的体系。

4. 顾客的购物行动与 VMD

(1) 充分运用"AIDMA 法则"

为了解顾客反应，卖场人员必须亲自手推购物车，与顾客一样接近卖场，去购物。

据说大脑中接受的 90% 的印象都来自于视觉。许多顾客都是通过眼睛了解到卖场的具体情况后，才做出购物的决定。因此，我们应该站在购物者的立场上去思考顾客购物时的心理。

顾客进入商场看到商品后，在买与不买犹豫不决时心理发生了变化。① "哦呀？"注意到（Attention）；② "这个不错嘛！"引发兴趣（Interest）；③ "这个我想要！"表达消费欲望（Desire）；④ "怎么办好啊？我要哪个？"在记忆（Memory）；⑤最后决定"就买它！"付之行动（Action）。这就是购买行动五部曲。各取英文头一个字母连在一起，被称为 AIDMA（爱得买）法则。其实，顾客的心理动向与 VMD 有着十分密切的关联。

下面，让我想象一下购买行动五部曲在卖场是怎样具体发生的。

第一，11 月初，在某食品卖场举办柑橘和柿子的试吃活动。在堆积如山的水果包装箱的货堆上，插满了标有"长崎县产蜜桔"的旗幡，四周还挂出刚刚写好的 POP，"季节新产品——闪亮登场！！"几乎所有路过的顾客都会停住脚步，不由自主地发出"哎呦"的惊叹声。这就起到留住刚刚进店顾客脚步的效果。

此外，在服装卖场推出了牛仔裤的搭配组合。在展示区，男女大人和小孩的人体模特下身穿牛仔裤，上身搭配穿 T 恤和棉毛衫，旁边不经意地摆放的"家人共享的惬意生活"的 POP，会让人留下深刻印象。如果此时还能继续在卖场的前端推出"季节性的主题""搭配的建议""生活的建议""促销的主题"等，肯定会像吸铁石一样，牢牢地吸住顾客不放。

第二，当顾客发现了建议商品，已经走近了卖场的中央，眼睛扫向墙面、端架和平台上陈列的商品。

试吃蜜桔后，顾客不仅觉得甘甜好吃，还能看到明确写着"糖度 11 度（又甜又好吃）"内容的 POP。此时，如果你看到的是另一番情景，面前是无论哪家卖场都摆放的装着塑料水果模型的水果篮，你肯定不会感叹地说出："这个真不错！"更不会激发出你的兴致。

此外，在手工艺品卖场，陈列着手工编织的儿童毛衣，旁边还细心地配上了"介绍毛线的挑选方法"的 POP，看到这些，肯定会引起许多人遐想在圣诞节前为孩子织件毛衣的念头。

第三，引起对商品的兴趣后，就想拿到手里仔细观察。一般来说，一箱装 12 个蜜桔还能买，再多就不想买了。因此，就算今天的牛排很划算值得买，但如果是 5 块牛排一包的大包装，即便是小孩子多的年轻家庭也会觉得数量多，很难出手购买。

另外，即便全家都来买牛仔裤，但如果没有适合全家人穿的尺码，他们会集体放弃购买。路易威登的挎包如果被陈列在上了锁的玻璃展柜里，顾客有时也会觉得麻烦，不愿意找售货员开锁看包。想买毛线，但如果不按照种类和颜色陈列，也不方便顾客选购。

第四，有时，即便顾客认定这种商品不错，但也不会立刻下定决心购买。当顾客为选择蜜桔还是新潟县佐渡产的柿子，晚餐是吃肉还是吃鱼而犹豫不决时，如果此时能够试吃或拿到手里对比或者眼前能有推荐食谱以及细致周到的 POP 在向你介绍，"就要这个吧？怎么办好啊？"就会帮助你做出判断。

当顾客看中牛仔裤准备购买时，又碰到了要买直筒裤还是要买喇叭口裤的难题，他们会再三犹豫不决。此时，如果货柜前标有牛仔裤的明确尺码，附近又有试衣间的话，"那我就穿上试试。"他们会毫不犹豫地拿起牛仔裤奔向试衣间。

第五，顾客会仔细确认尺码是否适合自己，也会货比三家，与类似的商品多做比较。价格越高购买频率越低，琢磨和犹豫的时间就越长，这是人之常情。所以，售货员的微笑、卖场的气氛、商品的容易查找和方便选购的程度以及收银台方位的清晰易见都对顾客"就买它"的最终决定，起到至关重要的作用。

⑵ 根据顾客行动打造 VMD 的构架

为进一步提高 VMD 的功效，有必要按照顾客的购物行动打造 VMD 的构架。卖场大致分为展示区域和销售区域两个部分，在这两个区域里，VMD 起到了以下三种作用（参照图表 4-3）。

图表 4-3　VMD 构架的作用

	架构	目的	表现方法	布局的场所
V M D	VP 视觉展示	· 根据主题思想，对新产品和有刚性需求的商品(重点商品)进行视觉展示。	· 在卖场最醒目的场地展示。 · 把顾客关注的商品与关联商品搭配组合，提出各种生活提案，用POP向顾客提供信息，开展宣传活动。	陈列橱窗(全店) 展台(服装) 展桌(家居) 平台、端架(食品等)
	PP 卖点展示	· 对新产品、电视热播的广告商品、热卖商品和店长特别推荐商品的价值进行大力宣传，人为制造多种话题。	· 能够充分了解使用该商品带给生活的方便和快乐(价值)的展示和演出。 · 突出该商品特征的POP以及展示和演出。	主展台(服装) 主展桌(家居) 主端架或端架(食品) 柱子周围、墙壁等
	IP 单品展示	· 能够把商品进行对比的购物场地。 · 便于查看、容易拿取、方便选购的陈列方式。	· 根据顾客需求，配备丰富的商品种类。 · 突出与其他商品差异的POP和提供信息。 · 适合商品形状和顾客体型的方便选购和便于拿取的陈列架和陈列方式。	特惠卖场(常规卖场)

· VP（视觉展示）空间；

· PP（卖点展示）空间；

· IP（单品展示）空间。

① VP 空间是视觉展示区域

VP 空间是卖场的最佳位置。这里主要以日常生活等为主题，为了诱发顾客的食欲和购买欲望，陈列和演示新产品和有刚性

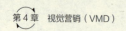

需求的重点商品。

总之，只要看过 VP 空间后，你就会了解到该店正在以什么为主题，推销什么样的商品，受不受欢迎。另外，还会知道该店（卖场）正在举办什么特卖活动，具体内容是什么等。许多内容都是通过橱窗（全店）、展台（服装）、展桌（家居）、平台和端架（食品）表现出来的。

在 VP 展示的商品不应由个人兴致与爱好选定。因为高价商品和招牌商品（撑门面的商品）等都不属于卖场的主力商品，一般库存量都不大，不符合在此陈列的原则。在此展示的商品必须是按照营销计划销售的重点商品（库存充裕）。理由是当顾客看过 VP，准备购买中意的商品时，如果该商品库存少，有断码情况或者品种配备不齐，不仅会引起顾客的不满，对销售也一无是处。

此外，如果在此推出偏离卖场形象、价格过高或过低、不流行的商品的话，都会让顾客感到茫然不知所措。

② PP 空间是展示商品卖点的区域

在货架末端等卖场的最佳位置上，把刚刚上市的新产品、电视热播的广告商品、社会上关注度高的商品以及店长（卖场负责人）特别推荐的商品等，通过商品自身主张或者利用了解商品习性和价值的 POP，提供有关信息和进行展销。许多都在端台（服装）、端桌（家居）、端架（食品）、柱子四周的上半部以及墙壁上伸手够不到的地方表现。但现实中，甚至这样的空间也没有被充分利用好。以家电卖场为例，我们经常可以看到在身穿运动服的人体模特旁边，有一个放着 CD 机的展台。看上去卖场是想表现体育与休闲的情景，但实际的效果却是人体模特不仅把关键的商品遮掩住，还阻挡了顾客的视线，妨碍了通行。

配合刚性需求期，在 PP 空间展示生活提案，如每年 9 月都举办"学校运动会用摄像机展销会"；4 月举办"入托、入学摄像机展销会"等；利用报纸杂志和新产品 POP 大张旗鼓地展开宣传。另外，如果商品的特点是"防颤"，那就应尽量让顾客亲自调试摄像机，在显示器上录下自己的画面，通过亲身体验真正了解该产品的优点。

③ IP 空间是展示单品的区域

在常设卖场里，将每一种不同的商品按照一目了然、方便选购的原则陈列。使用陈列道具、货架、衣架等，按照不同品牌、不同款式、不同价格、不同尺码和不同颜色的规则进行陈列和表现。

在 IP 空间，必须按单品展示商品，提供方便选购的信息。如果是录像机，应该陈列在与人眼相同的高度，在无效空间里（从地面算起 60 厘米以下的高度和从地面算起 180 厘米以上的高度）放置显示器或陈列库存商品。

这种场合不应该太过分拘泥于干净整洁的陈列方式，重点应该放在商品的信息传递和功能介绍上，陈列的目的是方便挑选和便于采购。此时，与其使用超大的 POP 向顾客强调价格的优势，不如请顾客亲自触摸和实际操作商品效果会更佳。

(3) VMD 构架的实态

卖场基本上是由 VP 空间、PP 空间和 IP 空间组成。卖场是否具有吸引力以上三者缺一不可，否则不仅得不到消费者的喜爱，商品也会卖不动。

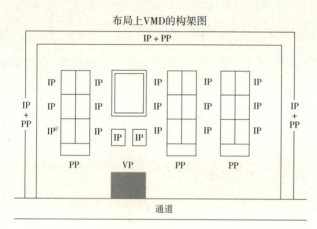

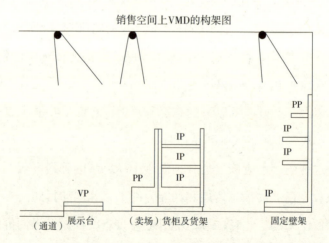

图表 4-4　布局上与销售空间上 VMD 的构架图

首先，让我们从布局上和销售空间上，确认 VMD 构架的实态（参照图表 4-4）。

在许多顾客通行的主通道上最引人注目的地点设置 VP 空间（展示台、展示桌），一个卖场最多设 1 ~ 2 处。再多设会妨碍定期更换主题和商品，导致活动不易长期持续下去。相反，VP 空间设得太少或不设，不仅不能准确传递出店方的经营主张和季节变换的信息，而且消费者每天面对相同的陈列，还会倍感厌烦，卖场也显寒酸。

如果一个部门设两处以上的 VP 空间，除了应该把顾客通行多的那一侧的 VP 空间定为主要主题处，其他应定为次要主题处。当然，如果已经按照大分类（类似于女装、妇女用洋货、男装、男用洋货）设定了重点主题，也就没有必要再设置了。

在看完 VP 空间后，为了引导顾客进一步深入卖场了解更多的商品，还设立了多处 PP 空间。如图表 4-4 所示，在常规货架端头各设了一处 PP 空间，是设在主通道一侧的端架上。它被称为主端架，在相反方向设立的被称作普通端架。在某些大商场，即便设主端架，有时也故意设得不显眼，或根本不设。

从 IP 空间选出 PP 空间陈列的商品。原则上是从库存量大的商品（滞销品除外）中挑选。

营业面积（货架数量多）较大的卖场，有时在常规展区的 IP 空间和 PP 空间，同时在两处以上场地重复陈列商品。相反，在营业面积较小的卖场，有时会从 IP 空间把场地转移到 PP 空间，或者把 PP 的主端架直接改成 IP 空间。但这一切都必须根据卖场的实际情况，实事求是地应对。

PP 空间可以包括墙面和柱子四周，数量之多不胜枚举。在具体实施中应去繁就简，陈列越简单越好，例如采取点挂（服装）和只需移动商品的方式（百货和食品）。

IP 空间是顾客实际购物区域，空间面积必须占到整个卖场的 80% 以上（PP 占 15%，VP 占 5%），否则无法提升营业额。但商品的引进期、成长期和衰退期的构成比迥然不同。引进期的展示空间应该（VP·PP 等）占到整体空间的 40% 左右，而衰退期的展示空间只能占到 10% 以下。

如果仔细观察销售空间上的 VMD 的构架，情况就更一目了然了。把商品从墙面陈列架的 IP 空间转移到上层的 PP 空间，以前从通道方面看不见的商品现在可以看见了。按照这种思路，只需把商品从看不见的区域转移到看得见的区域，从后面移动到前面，从下面提升到上面。

与此同理，只需把商品从货柜和货架上的 IP 空间转移到货架末端的 PP 空间（露脸场地），顾客的认知度就会进一步提升。在服装陈列上，只需把侧面陈列（用衣架吊挂服装露出衣服的肩部）改为正面陈列（露出正面）。在日用百货上，只需在 PP 和 VP 空间，举办生活提案和整体搭配提案的活动。在食品上，只需在 PP 和 VP 空间举办应季商品的促销活动（包括试吃）、季节性展销活动和与厂家联合开展的促销活动等。

通常，顾客的购物行动是按 VP → PP → IP 的顺序移动，而店方的应对措施是按 IP → PP → VP 的顺序展开。俗称 IP → PP → VP 法则。

工作间歇
——从信奉高档品牌到选择自我品牌——

据某报刊对消费者问卷调查结果证实，现在仅有 50% 的消费者对进口高档名牌感兴趣。这个比例已经比以往下降了许多。曾经有个年代，全身穿戴名牌是身份的象征。

现在，最受喜爱的世界名牌是 Burberry、路易威登，日本的优衣库和无印良品也进入了前几名。另外，在国际知名品牌中，价格合适且又时髦的 H&M、ZARA 等也颇受关注。

今后，在这些时尚的人群中，肯定会出现更多的不再特别关注世界名牌而转向选择"自我品牌"的消费者。

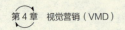
5. 什么是 POP ?

(1) POP 及其种类

POP 是广告形式中的一种，在商场意为购买点广告，简称 POP 广告或 POP。它可以代替促销员把商品的特性及简介传达给顾客。虽然商场的屋顶上悬挂着五颜六色的 POP 广告，货架及墙面上张贴着炫目多彩的宣传画能够给卖场增添欢快气氛，但真正的 POP 并不是作为卖场的装饰物而存在的。

POP 英文是 Point of purchase 的缩写，是"为了购买"，而不是 POS（Point of Sales）="为了销售"。POP 对购买商品起作用，是帮助消费者购物的广告。

POP 应起到下列的辅佐作用：

· 容易查找商品；

· 便于查看商品；

· 方便对比商品；

· 介绍商品价值；

· 帮助选定商品。

设置 POP 的目的不是为了活跃卖场气氛，是希望通过 POP

减少顾客的咨询，让他们在不去咨询售货员的情况下，也能对商品配置一目了然。

顾客希望咨询和感到困惑的事项如下：

· 店里有〇〇（品种）？

· 它放在什么地方？

· 有◎◎（品目）？

· 这是什么商品？多少钱？

· 这种商品价值如何？

· 这两种商品有什么区别？

让类似问题不用特意去咨询就能一目了然的是设在卖场里的POP。POP有以下几种：

①场地导引

是指示入口、卖场、楼梯、休息区、收银区、洗手间等场地的指示牌。

②业种导引

按蔬菜、窗帘、清扫工具、儿童鞋袜等分类，明示商品的陈列位置。

③显示广告

用幻灯等手段对商品做广告宣传（偶尔也用相同方法介绍店内品牌商品）。

④商品标签

用于标识商品名称、数量、价格等内容的标识牌。全部商品都必须配置商品标签。

⑤展牌

为了让没发现和不了解该商品的顾客及时发现和深入了解该商品的价值，推出的广告种类。对在商品选择上感到困惑的顾客能起到建议的作用，是强调商品价值的广告。

当然，理想的做法是取消 POP，争取让商品做自我宣传。这样既能降低成本，减少工作量，还能更好地推行低成本运营。因此，如果不思考如何让商品做自我宣传，必然会导致经营混乱，最终成为只能盲目追求价格的商家。但对那些无法靠自身力量做自我宣传的商品，可以让它们借助 POP 的帮助。

例如，可以为它们选配强调价格的 POP 或强调价格以外因素的 POP（介绍比例、特色、功能、素材、吃法、用法和注意事项等）两种。前者需要在尺寸、字体、颜色（红或黑）上多出主意想办法，尽量把价格的特征无限地放大。后者应该考虑给简介或说明留出更大空间，在尺寸和字体上多下功夫。总之，目的是让消费者对廉价商品感到更价廉，对优质商品感到更质优。可以根据具体情况，随时更改 POP 的安装位置。

(2) 展牌的制作方法

下面，我再详细介绍一下具有代表性的 POP——展牌的设计。

商品简介的使用词汇不应太详细和过于专业，不需要介绍与生活无关的商品知识。要站在消费者的立场上，考虑和编辑商品简介的内容。

优秀的 POP 应能立刻打动顾客的心。但它不应该是煽情的，应该让顾客静静地去"感知"。对于尚未发现商品的顾客、尚在犹豫的顾客（苦恼中的顾客），应该悄悄地告诉他们"想知道的事情"（不能伤顾客的自尊心）。每当推出新的重点主题和重点商品时，应该让它格外醒目耀眼。但如果这些做得张弛无度，卖场会变得令人生厌，反之也会静得骇人。

展牌不是宣传单，更不是宣传画，上面书写的广告文（推荐词）应该"简洁"、"准确"、"易懂"。不需要名言名句，更不能是空洞的宣传口号。

·逐条书写（只写重点，口语化）；

·语言精练（1 行在 15 个字以内，用名词结束）；

·内容简洁（3 行以内，具体实用）；

·说明详细（重点内容、重点顺序）；

·通俗易懂（中学生也能读懂）；

·一目了然（老年人也容易发现）。

以上述内容为基础，编写简练实用的广告词。另外，展牌表面应整洁光亮。不使用不规则的尺寸和难懂的文字，否则会破坏卖场的整体气氛。在大小合适的纸张上，用均匀的文字书写精美的展牌。具体负责人应受过版面设计和美术设计的正规培训。

展牌不应该比商品更耀眼夺目，首先应烘托出商品的绚丽多彩，然后退居幕后静静陪伴在商品身旁，偶尔再为商品美言几句。

展牌的安装和拆卸工作很重要，应明确指定安装和拆卸的具体负责人，避免发生事故，同时也能避免发生展牌被弄脏或破损无人负责的情况。

据调查证实，如果把通常的销售数设定为 100，假设商品打八折，在没使用 POP 对价格低廉做宣传的情况下，一般销售额只能达到 149（1.49 倍）。在使用 POP 对商品特性和价格低廉做过宣传的情况下，即便只打九折，销售额也能提升 250（2.5 倍）。

信息没有传递给顾客，却自我感觉良好。在你的商店里，你是否也有过这种飘然自得、自我陶醉的感觉？ POP 是左右商品价值的辅助工具，也是商品促销的重要手段。POP 与商品紧密联系、缺一不可。

第 5 章

52 周商品计划（MD）

1. 把商品计划的周期由以月为单位缩短为以周为单位

正如我在上文中阐述的那样，我们实施 VMD 的目的就是为了在卖场打造一个：把畅销商品（想卖商品）安排在旺销期内（想卖时期），陈列在醒目场地，让它一目了然，在保持最理想的库存量的情况下，年复一年反复持续运营的体系。

本章中阐述的 52 周 MD 是把全年分成 52 周，以周为单位制订商品计划（销售计划），结合促销活动推进打造卖场的具体技术。

以前，卖场总是按季度或按月份制订商品计划。但随着零售业竞争日益激烈，消费者需求日趋高涨，形势要求零售商必须全力打造更快、更鲜的卖场。另外，在商品管理上，把以月为单位改成以周为单位制订商品计划，不仅可以把商品管理工作做得更细致，还能防止遗漏商机，减少不必要的营业损耗。也就是说，从"我们准备明年这么改正"变成"我们准备下周就改"，对完善卖场的各项工作，极大地提高了工作效率。

今天，这种想法逐渐被越来越多的人认知。只有正确理解它的意义，积极落实到行动上，52 周 MD 才会真正发酵。

⑴ 52 周 MD 的定义

52 周 MD 是以每周的重点商品为中心，共同组建商品计划、销售计划和促销计划三者联动的组织形态。即：企业经营理念→商品计划→销售计划→促销计划→通过店铺实现的流程。例如为了实现"店铺的经营理念"，需要制订"商品计划"，为了在店铺实现商品计划，需要制订"销售计划"，为了把销售计划传递给消费者，需要制订"促销计划"，最终在店铺实现了促销计划也就等同于把企业经营理念中的思想和主张传递给消费者。

再具体地说，商品部门制订的商品计划能否符合本地消费者的需求？营业部门在贯彻落实商品计划时能否有所创新？销售部门能否把整理和汇总后的商品计划用最佳方式传递给了消费者？这些工作至关重要。

尽管如此，很多人都会产生这样的错觉。在现实中，只要多卖出重点商品；每周都调整卖场布局；在堆头和端架上推出新的菜单提案。人们认为这样就是在贯彻执行 52 周商品计划。从营业角度看，卖什么和推出什么新提案固然都重要，但你更要记住，其实 52 周商品计划还有更深奥、更广大的目标在等待着我们。

⑵ 52 周 MD 的意义

落实 52 周 MD 的意义在于让商品计划"无限地贴近消费者的现实生活"。消费者的生活周期是从周一至周日的一个星期，全年要重复 52 次之多。但即便都叫周，它们之间的内容并不完全雷同。在发薪前后、平日与周末以及普通日子与盛大节日，内容会截然不同。因此，企业的商品计划，商品价格、销售方式、陈列方式、演示方式以及传递方式等，都应该随其变化而不断更改。

在考虑变化的问题时，不要只考虑每周应该如何改变，而应该考虑本周（今天、眼前）会有什么机遇，该怎么做的问题。也就是说，不仅要考虑进攻，有时也要考虑防守，必要时这种攻守有时会持续 2～3 周的时间。

食品上的"104 周"是指改变平日和周末的销售方式、陈列方式和演示方式。非食品的"26 周"是指应该每两周改变一次。但如果有必要，其实每天更换也可以。

⑶ 时代变化与 MD

MD 是指①商品政策；②采购计划；③商品本身；④商品特征；⑤商品的销售、陈列和演示的方式。但在过去的经济增长期（需大于求）和今天的经济成熟期（供大于需），MD 的意义发生了巨大变化。简言之，在只要是商品就能卖出去的时代，①至④是 MD。但到了商品过剩，难以卖动的时代，只简单地陈列商品已经远远不够，有必要加入⑤。

对商品部来说，只要找到好商品（价格便宜），简单地送到店内销售的时代已经一去不复返，必须在销售方式、陈列方式和演示方式等方面制订切实可行的商品计划。为此，需要通过采购经理人（SV）或店内商品负责人了解或自己直接去店内定时定点观察自己采购的商品的动向和结局。时代在变，工作方法也要与时俱进。

2. 加强营销力和搞活店铺

52周MD的目标是：加强营销力；搞活店铺；重视培养企业文化。

(1) 加强营销力

只有多卖商品才能维持店铺的正常经营。需要做到以下3点：

①在能够大量售出的时期，把能够大量售出的商品，尽最大可能售出（创造异常值）

不是所有商品在任何时候都能卖出去，因此什么时候出售好卖的商品，应该参考相关数据、以往的经验教训、相关课题、趋势、饭桌上的出现率等，最终做出决定。并且，应尽最大能量去销售这些商品，要大大超过平时的销售量，完成超常的销售值。把好卖的商品在容易售出的时期大量出售比把不好卖的商品在售不出去的时期拼命地兜售，效率更高，效果更佳。

②在卖不动的时候，保持少量库存，以主力商品为中心，经营卖场

卖场的工作量与商品陈列量和库存量成正比，有时需要下进攻指令，有时也需要下防守指令。

主力商品是指全年的销售额稳定在前五位的商品。代表性商品有食品类的番茄和香蕉、金枪鱼刺身和咸鲑鱼赤身、肉片和肉馅、炸牛肉薯饼和盒饭、豆腐和纳豆、牛奶、酱油和方便面、饮料；生活日用品类的手纸和洗衣剂、内衣和袜子等与我们日常生活息息相关的商品群。

③多卖单品，降低进货成本（进攻性整顿策略）

成本的三大要素是 (a) 人工费；(b) 租金；(c) 促销费用。要削减成本，首先要考虑如何向上述三大要素开刀（防守性整顿策略）。虽然削减成本的工作是今后必须推进的重要课题，但还有另外一个远远超越成本三大要素的成本存在，这就是进货成本。通过多卖单品，可以增加进货量，进而降低进货成本（进攻性整顿策略）。连锁店最大长处在于集体优势，能够与交易方长期保持双赢关系。卖场能够做的是卖货，如果相对销售额进货成本能下降一个百分点，就等于人工费率也降低了一个百分点。销售多本身就是最好的削减成本。

(2)搞活店铺

搞活店铺是指"响应顾客需求的变化，让本店保持一年365日，天天是新店的状态"。为此，不靠硬件（设备、布局、陈列道具等不易变的）的变化，以软件（理念、商品、销售方式、陈列方式、演示方式等易变的）变化为中心，重新审视每周的重点商品和在卖场的设定情况。不仅要大量销售已经设定的重点商品，还要不断检查饰面数、陈列场地（位置）、陈列空间、价格、POP 等是否都处在合理的状态。有必要的话，要随时跟进修正。按此程序推进中，必然会发生需要变更陈列空间和修改商品配置的情况。图表 5-1 是成功的范例，实例 1 和实例 2 是在某企业实际发生过的实例。他们每周都切实地提出设想，踏实地开展查验工作，几乎不用花钱改造，就能达到了预期效果。

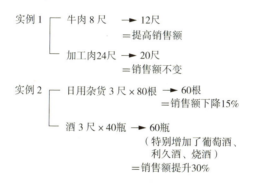

图表5-1　搞活店铺的实例

⑶ 重视培养企业文化

好的企业文化应该是：遵守既定方针；不半途而废；总部与分店之间的对话应该视线相同、语言相通、标准相同等。其实，无论哪家企业都阅读同样的书籍，学习同样的知识，做着同样的工作，为什么有的企业效益好，有些企业效益不好呢？其实道理很简单，技术是固定的人是可变的，只有靠人的思想才能把技术发挥得淋漓尽致。思想是由企业文化培养的，效益不好是因为企业不重视培养企业文化造成的。

重点商品也是一个衡量的重要标准。通过重点商品可以构筑总部与分店之间的信赖关系，总部与供货商之间的协作关系。只要从企业高管到基层员工（包括临时工和兼职大学生）大家都能用相通的语言沟通对话，共同努力，那么企业的共同目标（打造高收益的店铺）就一定能实现。

3.52 周 MD 的体制化

按照以下三种思路，健全 52 周 MD 的体制。

· 从连锁优势向"智慧优势"和"地缘优势"发展；
· 把个人技巧向集体技能推广；
· 把不快乐店铺打造成快乐店铺。

⑴ 从连锁优势向"智慧优势"和"地缘优势"发展

连锁优势不仅局限于降低进货成本和削减总部开支，同时还拥有人多智慧多，店多经验多的优势（智慧优势）。此外，还可以利用体制上的优势，把分店在经营上独到的管理方法（包括好经验）以及所处区域的特性商品等，向全联盟的加盟店普及推广，能做到资源共享（地缘优势）。

其实，个性化与标准化并不矛盾。虽然总部的 MD 是经营的根基，但现实中每家商店和每个地区的顾客群体、顾客年龄、薪金收入和生活方式都有所不同。应该重视各地区差异，认真看待各店的不同，争取把每一家都打造成各具魅力的加盟店。

⑵把个人技巧向集体技能推广

人是可塑的高级动物。通过人与人之间的相互交流和切磋技艺，可以相互弥补，共同提高。成功事例虽属个人技巧，但如果利用连锁的优势，可以把它推广到全体员工（全公司），作为集体的技能，让大家共同模仿和学习。

总之，应该把每个人、每个卖场和每家店铺积累的成功经验作为集体技能，在连锁加盟店中，横向（水平展开）、纵向（垂直展开）推广和普及。在此基础上，再补充更多的新智慧和努力。通过反复积累，致力于健全强有力的组织体制。

⑶ 把不快乐的店铺打造成快乐的店铺

今天，实体店的竞争对手已经不再局限在同行业。来势汹汹的电子商务越做越强，受到消费者的喜爱。尽管顾客整体的消费支出没有发生大的变化，但实体店的零售额却每况愈下，无店铺零售业的零售额反而日益上升。因为，现在的消费者可以足不出户，不仅节省汽油费，也不用大汗淋漓地拎着购物袋，只需坐在家里轻敲键盘就可以尽享快乐购物。

今后，留给实体店的唯一出路就是坚持不懈地努力打造快乐店铺。其实，如果用消费者的语言来形容，快乐店铺应该是"价格比任何一家店都便宜，购物既安全又放心。""什么时候去都不会辜负自己的期待，能买到既安全又放心的商品。""受到推荐菜单的启发，今晚的饭菜有谱了。在这里购物既安全又放心。"

4. 销售重点商品

(1) 重点商品的定义

本节中阐述的重点商品有以下三个特征：

· 当下最畅销的商品以及去年同期最畅销的商品；

· 电视和报纸杂志等媒体大肆宣传炒作的热点商品；

· 应季商品（包括新产品）以及商品生命周期上现在必须推销的商品。

从符合上述三条定义的商品中，选出销售额构成比高的商品或者是毛利率构成比高的商品，设定为重点商品。

最近，在上述三个特征外，又新增了一个特征。

· 从众多商品中选出本周（今天、眼下）应该重点销售的商品。

所谓众多商品是指卖场里现有的全部商品。这些商品都经过了厂家（产地）→供应商（批发商）→总部商品部→店铺（订货、加工制作）的层层核实把关，尽管销售情况各有不同，但都应该是好卖的商品，也可以说是重点商品的后备军。

因此，只要明确好卖理由和想买理由（＝重点主题），它们就能成为重点商品。所以，重点商品不是只有一种，也不只限于总部发货的重点商品，各店完全可以根据自身情况设定本店的重点商品。

⑵ 为什么要选定重点商品？

实体店的工作应该是替顾客消除"不"。重点商品可以为此提供三个急需的理由。

①顾客"不知道现在买什么好？"

据说顾客的苦恼之一是不知道今晚该做什么菜。据调查结果证实，约 80% 以上的人都有过同样的烦恼。所以，应该明确重点商品，重点向消费者推荐。

②店员"不知道现在该推荐什么？"

店内工作的店员中 70% 以上的员工是临时工（包括兼职大学生）。店内商品种类多，随着季节变化而不断更替，记住商品名称，掌握商品知识，绝非易事。尽管每家店铺基本上都实行自助式服务，如果一旦被顾客咨询到，还是应该准确地答复。所以，对员工必须做到短期培训，让他们亲自品尝，试用和触摸商品。即便不能死记硬背，至少要亲身体验，用自己熟悉的语言介绍商品就行。如果在全年的 52 周里，每周都有机会对他们持续培训，至少会把他们培养成 52 种商品的行家里手。

③企业"不知道现在用哪种商品能赚钱?"

偏重毛利率的企业在制定对策时,在价格上都会考虑"减少打折幅度""减少降价损失",他们能采用的策略有限。"由于毛利率低,应该想办法把购买率多提升一个点。""毛利率高,多备点货,以备打折促销时用。"其实,只要在实施前所有的人都能行动起来,毛利率目标一定会实现。把每个重点商品的毛利率(金额)都公布出来,能激发出员工的斗志,唤起他们积极参与的行动。

(3) 如何确定重点商品?

在销售欲卖的商品前,首先要选定能卖的商品,重点地推销。

①确定重点商品时所需的数据资料

无论哪家企业都会收集相同的数据资料作出决断。所需数据资料如下:

·去年和前年的实际销售额

零售业基本上是过去事情的重复和积累,可以把去年和前年的实际销售额作为参考(参照图表5-2);

·反省问题与制定课题

是否浪费过商机?能卖掉还是卖不掉?行动开启时间是早了还是晚了?反省和制定解决问题的课题。

· 业界和其他企业的动向（新产品、流行趋势等）

包括经济形势在内，预测业界、其他企业的动向、商品趋势，寻找新商机。

· 生活活动、地域活动以及气候和温度等

消费者的生活活动每年基本上不会有大的变化，只要掌握具体日程即可。对气候和气温，可以参考长期的天气预报，只要掌握方向性即可（定期进行微调）。

· 家庭消费支出的变化

例如调查在伙食费的支出中，为什么高价的牛肉的构成比减少而低价的猪肉和鸡肉的构成比上升的详情。

图表5-2　全年52周不同商品销售额排名表

商品分类	27周 9/25	28周 10/2	29周 10/9	30周 10/16	31周 10/23	32周 10/30	33周 11/6	34周 11/13	35周 11/20	36周 11/27	37周 12/4
德国香肠	43	26	21	1	27	4	34	29	2	35	50
里脊肉火腿片	30	36	32	37	34	45	38	44	43	4	46
培根	19	2	33	22	30	39	31	37	38	36	43
肉丸子	5	13	14	9	10	30	15	20	19	22	35
肉用佐料、沙司	27	31	20	35	25	32	21	37	7	17	9
鱼肉火腿、香肠	5	24	23	27	30	37	32	44	31	42	48
里脊火腿、肉块	41	29	43	36	44	37	40	33	28	17	9
羊羔肉	21	22	32	16	2	34	25	19	30	23	9

注：■表示全年销售额从第1位到第10位的周。

·展销会和贸易洽谈的信息

从展销会（包括服装秀）和与各厂家的贸易洽谈中，广泛收集信息。

·（根据以上六项）采购部门的想法和挑战

最终，是按照采购部门的想法和挑战精神确定重点商品。许多企业都采用相同做法，委以采购部门重任，掌握重点商品选定的生杀大权。采购部门应根据上述数据资料，自信地（充分运用以往的经验）提出自己的合理方案。

②重新审视各部门之间的沟通渠道是否畅通

尽管各部门都在独立安排本部门的重点商品，但在需要把重点商品的信息传递给消费者时，全店（企业）都必须拧成一股绳，共同努力。

统一表述重点主题的说法。各部门对重点主题（重点商品的畅销理由）的表述方式必须一致。

重点主题＝促销主题＝POP主题＝快讯广告，如果不统一，本企业理念很难传递给顾客。顾客看到快讯广告去商店，来到卖场后寻找商品，看到POP后进一步确认商品。上述流程如果能顺利地实施，不仅能提升营业额，还将进一步提高企业的信誉度。

本部门内和各部门间，要经常相互确认重点主题、重点商品的成长期（生命周期的导入期）、高峰期（成熟期）、结束期

（衰退期）。如果协调员人手（部门）配备不足，会影响内部沟通，必然会导致部门间横向联系不通畅。

③确定重点商品后，还应该做什么？

由于是用单品（品种）创造异常值，应该在卖场把重点商品陈列于最醒目突出的位置，让其一目了然，努力做到大量陈列。当然，前提是商品部必须保证商品库存，销售部做好各部门间的沟通，并制作适合该商品的POP（包括快讯广告）。

第一，在卖场突出的位置陈列。

突出位置在哪里？主通道两侧是第一磁石点，卖场尽头转弯处是第二磁石点，端架是第三磁石点，常设货品区的黄金线是第四磁石点。顾客在店内购物时间，每一年呈递减趋势。

换句话说，即便商品再好，价格再便宜，如果陈列不显眼也卖不出去。但这并不是说只要在入口附近、特卖区和端架上摆上商品就万事大吉。其实，端架是为了把顾客吸引到货品区才设立的，而平台和特卖区又是为了吸引顾客接近端架才设置的。

第二，一目了然的陈列。

拓展饰面，增加陈列量，安装POP，大声吆喝，试吃（试喝）、推荐菜单等，有许多向顾客传递信息的好办法。尽管如此，仍然有人会说："我的商品陈列很突出，但就是卖不动。"其实，问题的根本在于没有意识到卖方视点和买方视点的差异问题。

顾客是从卖场里众多商品中寻找自己想买的商品，因此商品应该容易查找，便于查看。但这并等于不论何时何地，只要多增加 POP 就万事大吉。

我再重复强调一下在突出展示商品时需要遵守的三项基本原则。第一是让商品自我宣传；第二是只给无法自我宣传的商品配备 POP；第三是在做 POP 时，要达到给廉价商品配上 POP 更显价廉，给高档商品配上 POP 更显档次的目的。

第三，增加商品的多样化。

增加商品的多样化是指商品种类丰富多彩，陈列数量大，不仅有重量感，还有挑选的快乐感觉。在生鲜食品上，增加单品（重量、价格、用途等）的种类。因为是重点商品，事前要做好所有顾客都合适购买的准备工作。如猪肉块，事前要准备好超小、小、中、大、特大、巨大等六种单品。

另外，食品和非食品的陈列原则都是把相同和基本相同、相关联的商品集中一处陈列。虽然单品的陈列量小，但集中放在一起，依然能表现出强大的重量感陈列。当然，卖得好就大量陈列。

此时，为了方便顾客选购和提高采购点数，需要遵守关联陈列的原则。该原则是：PB（Private Brand、自有品牌）按每种单品陈列十个以上；（如果卖场面积宽裕）NB（National Brand，面向全国市场销售的商品）中的畅销商品和新产品，按每种单品陈列十个以上；如果卖场面积还有宽裕，一次性食品和一次性用品的商品，按每种单品陈列十个以上；对那些不会很快吃光和很快用完的商品，按每种单品也陈列十个以上。

第四，确保商品部推荐的重点商品的库存量。

创造异常值的商品，保证充裕的库存是理所当然。但如果销售预测不准确，消费者无法了解到卖场的想法，店方想利用重点商品创造异常值的宣言就会变成纸上谈兵。实体店与电商的订货和发货程序不同，实体店是采用预测来订货，商品有时会断货，有时也会加大库存。所以，各分店要经常与统辖各店的管理部门保持沟通，提高进货计划的精度。

④商品销售部的作用

商品销售部主要以重点商品和重点主题为中心，承担企划和制作POP、快讯广告以及联络媒体等工作。当然，销售部的工作不止简单地停留在企划制作上，还承担着检查商品计划和销售计划的落实工作以及负责协调解决矛盾和问题，修订计划和统一思想的工作。在此基础上，最终制订出更加理想和完善的商品计划和促销计划。

应该说销售部是架设在总部与各分店之间的桥梁，是沟通双方的渠道。图表5-3是销售部企划和筹办各种促销活动的具体日程表。

计划信息	实施频率	关联部门	内容
①全年商品计划(商品日历52个星期)	6个月前提出方案	商品部	它是成为全部计划基础的计划。制定对应不同供应商的商品政策、重点商品全年采购、销售计划和全年促销活动的商品展开日程表。
②4个季度的商品计划(13个星期)	6个月前提出方案	商品部	是按月和星期制定的重点主题、不同等级重点商品的销售计划。全年的生活促销活动按照全年的商品计划,事前提出单品计划、生活周期、销售方式、媒体宣传等具体方案。
③全月店铺运营计划(4个星期)	2个月前提出方案	商品部各分店	以星期为单位的重点商品销售计划(3个月前由供应商制定后与店方开会确认)
④全月商品计划(4个星期)	3个月前提出方案	商品部	确认3个月后重点商品的采购和销售计划(召开营业会议)
⑤反省工作和交流本周的重点商品信息	每周三发送	商品部	反省上周的工作。以重点商品原产地、卖场、厂家的信息和情报为基础,提出销售方面的新思路。

5. 落实好 52 周 MD

⑴ 构建商品计划、销售计划和促销计划之间的和谐信赖关系

采购部门制订商品计划（包括店内计划），销售计划由门店店长以下的运营部所有人员具体负责，促销计划由总部班底（主要指销售部）、部长或董事级别的高管直接负责。要想在组织内部真正落实好 52 周 MD，上述三者之间和谐信赖的关系是缺一不可的。

①制定临时工、兼职大学生也能轻松执行的商品计划

如果连锁加盟店总部制定的商品计划有问题，必然会影响各分店的贯彻落实。但如果总部依旧把不合理的商品计划硬是称为标准化，强行推给了分店执行，结果只会导致员工无法落实和执行。

合理的商品计划应该实现：昨天刚刚进入公司兼职的大学生和上个星期刚刚入职的临时工都能看得懂，不需要每次都借助翻译进行传递。例如"大容量""积极地""注意不要断货"等模糊的术语，如果不转换成让大家都理解的具体词句，在店内根本无法执行下去。此时，如果把"大容量"译成"四个饰面以上，摆放两层"，把"积极地"转译成"比上周多卖出两倍

以上，需要增加订货"，问题就迎刃而解了。

②构建百分之百执行商品计划的体制

再好的商品计划，分店如果不能贯彻执行，也毫无意义。分店不应该去寻找不能做的理由，首先要认真地贯彻。因为不去做就无法获得数据资料，就不会知道它的好坏。不是要简单地执行，而要在实践中多下苦功夫。有时，还要根据本地区的特性和分店的具体情况，创造出更多的超越商品计划的典型事例。另外，还要再把临时工的现实生活体验真实地在卖场表现出来。

③建立整改体制

做了之后结果如何？如果不做结果又如何？每次都认真做好分析和总结工作，从中深挖成功和失败的实例，找出原因。同时，不仅要深刻反省和提出整改建议，还要把它们改编为成功和失败范例，作为正反面教材提供给各分店和各部门（水平展开），让全体员工（垂直展开）都有机会了解和学习。这也是"智慧优势"。

(2) 让重点商品、重点主题与快讯广告联动起来

制作快讯广告是把企业理念传递给消费者的最终阶段。

①快讯广告是获取利润的手段

据调查证实，有 70% 的顾客看过快讯广告。其中，有 80% 的顾客是利用快讯广告的信息，决定去那家商店购物的。也就

是说有 56% 的顾客是直接利用了快讯广告。

但现实中，有许多顾客抱怨说："找不到快讯广告中的商品。"有些店家也说："广告未必都名副其实。"其实，重点商品就等于广告商品，找不到广告商品就等同于卖不掉重点商品。

快讯广告是"商家理念"的具体表现。快讯广告志在向顾客宣传商品计划和销售计划。快讯广告是招揽顾客的手段之一，它不同于大甩卖和大减价的促销活动。

让快讯广告与卖场联动起来，许多顾客都是看了快讯广告来店购物的。如果来店后找不到广告上的商品，不仅该商品卖不出去，他们对该店或整个企业都会感到失望，产生不信任。"广告未必都名副其实"实际上是指企划内容（包括商品价格）本身就有问题，这也是找不到商品的原因之一。所以，广告商品更应该让顾客容易查找，方便选购。

有必要让快讯广告与卖场和 POP 联动起来。在主通道（第 1 磁石点）、主通道尽头（第 2 磁石点）、端架（第 3 磁石点）、陈列架的黄金线（第 4 磁石点）等场地，扩大快讯广告商品的饰面数。

②制作有吸引力的快讯广告

第一，方案不理想，就不采用。

采用彩色印刷，设计要美观，做工要精致。但在完成这些工作前，一定要先制定出优秀的企划案，否则就不利用快讯广告。当然，只要出广告，店里的工作量就会大幅提高，为了削减成本，也有人不提倡利用快讯广告。其实，以往真正卖不动的原因是没有优秀的企划案。

第二，通过提高消化率减轻工作量。

快讯广告商品的消化率（期间内销售数÷期间内库存数）年年在下降。最后，卖剩下的商品被迫降价处理，退货，替换商品陈列，撤销POP等扫尾工作量增加。只有通过卖出和卖掉才能提升消化率，减轻善后的工作量。所以，卖掉本身就等于在维持低成本运营。

③ 完成目标

如果52周MD真正扎根于店铺，浸透到顾客心中，将极大地提高顾客对店铺的忠诚度。持续不断地打造任何时候都不辜负顾客厚望的卖场，"买这种商品我首选这家店"，我们的卖场必将成为顾客脑海里最先想起的首选店。如果真正做到了这一点，即便不打快讯广告，顾客也会蜂拥而至。

让我们共同肩负起为广大消费者持续不断地打造有魅力卖场的重任吧！

工作间歇
——看到快讯广告来店购物顾客的比例——

　　网上购物的人越来越多。现在，已经进入不去店铺，坐在桌子前也能方便购物的时代。所以，看到快讯广告再去商店购物的人自然也会减少。

　　据调查结果证实，约50%的人回答说："经常是看到快讯广告后才外出购物的。""看到快讯广告后外出购物的情况比较多。"

　　但现实中，顾客进店后"找不到商品"或"找到的商品与广告内容不符"，最终，顾客与店方产生矛盾的情况时常发生。每张快讯广告成本约花费10日元，商品不仅卖不掉，还会导致店方名誉一落千丈，真可谓赔了夫人又折兵。

译后感

　　日本是全球公认零售业最发达，以"极致服务"著称的国家，许多有关零售业的基本原则，值得我们学习和借鉴。日本零售业在待客服务上，简直把顾客的心理研究得透彻无比。譬如，国内大部分商城在下雨时一般不给顾客提供雨具，只有一些服务上档次的商场会在下雨时用广播告知工作人员为顾客发放可以免费使用的雨具。但日本零售企业则认为，听到广播后的顾客在领取免费雨具时会觉得理所应当，有的甚至会因为没有领取到合适的雨具而产生对商场的不满。所以，日本的商场没有这样的广播，他们将广播创新地换成特定音乐暗号，以音乐告知工作人员做好相应的准备工作。当顾客结束购物后发现外面下着雨时，会在出口处惊喜地收到早已守候在那里的工作人员递过来的雨伞或雨披。以音乐暗号代替广播的关键在于降低了顾客对于商场的预期，以意外之喜的形式服务顾客，避免了当顾客没有收到免费雨具时产生的负面心理。这种恰到好处的服务，在带给顾客方便实惠的同时，还营造了良好的商场形象。

　　日本人认为，生活绝不能粗糙，所以他们对细节高度重视，可以说已经到了极为"变态"的程度。由于对种种细节的精益求精，使得日本人生活中的每一个细节都流露出精致感，这一点在日本的零售业上同样表现得很极致。比如，日本有些便利店贴心到在收银台下面安装迷你洗手台，方便那些买了食物想吃却苦于无处洗手的顾客。日本也绝对是最关怀婴儿和儿童的国家，商场在大门的入口附近备有婴儿车，供带孩子的顾客使用，旁边还放着消毒纸巾，用于擦拭婴儿车，商场的休息区内还专门开辟儿童区。在日本，当顾客对你抱怨时，首先不管是不是你的问题，你都要代表团队进行道歉。上午开门迎客的时间准确到按秒计算。如该店铺写明是上午 9 点开门，那么工作人员早晨 7 点半就到要岗，8 点打扫完店门外，8 点半打扫完店内，然后陈列和整理商品。将近 9 点时，所有服务人员换好工作服列队，等待秒针指向 9 点。商场里，无论是码放在哪里的堆头，都用细节吸引着消费者的眼球。甚至连出售的水果蔬菜都有属于自己的"身份证"，被标上了产品的名称、产地、商户号、采摘时间、土壤情况等信息，更有意思的是每一样蔬果还都有名字，如新潟蜜桔，佐渡柿子等。

　　铃木哲男先生是日本著名的零售业店内企划专家，几十年的经验造就了他在零售企业经营方面独具匠心的见解，他非常善于在营销技巧上帮助受困的商家排忧解难。本书围绕着"顾客是上帝"，为上帝（顾客）"打造一流购物环境"，让上帝（顾客）"尽情享受购物快乐"这个宗旨，用日本人那种独到的"人性、细节、效用"的精神，详细地阐述了打造卖场的基本原理和原则。书中他明确地告诫读者，"基本原理和原则是在事实的基础上经过长期的打磨和沉淀积累才形成的，现实中的变化要求基本原理和原则也要与时俱进。""对我们而言，重要的是不轻言基本原理和原则已经过时，而是要坚持不懈地观察事实，客观地对照基本原理和原则，在不断完善已被证实是合理的基本原理和原则的同时，更要努力贯彻执行下去。"

本书没有深奥的道理，更没有华丽的辞藻，但只要你坐下来细细品味书中的每个段落，字里行间肯定会有你希望得到的启迪。

任世宁

"服务的细节" 系列

《卖得好的陈列》：日本"卖场设计第一人"永岛幸夫
定价：26.00 元

《为何顾客会在店里生气》：家电卖场销售人员必读
定价：26.00 元

《完全餐饮店》：一本旨在长期适用的餐饮店经营实务书
定价：32.00 元

《完全商品陈列 115 例》：畅销的陈列就是将消费心理可视化
定价：30.00 元

《让顾客爱上店铺 1——东急手创馆》：零售业的非一般热销秘诀
定价：29.00 元

《如何让顾客的不满产生利润》：重印 25 次之多的服务学经典著作
定价：29.00 元

《新川服务圣经——餐饮店员工必学的 52 条待客之道》：日本"服务之神"新川义弘亲授服务论
定价：23.00 元

《让顾客爱上店铺 2——三宅一生》：日本最著名奢侈品品牌、时尚设计与商业活动完美平衡的典范
定价：28.00 元

《摸过顾客的脚才能卖对鞋》：你所不知道的服务技巧，鞋子卖场销售的第一本书
定价：22.00 元

《繁荣店的问卷调查术》：成就服务业旺铺的问卷调查术
定价：26.00 元

《菜鸟餐饮店 30 天繁荣记》：帮助无数经营不善的店铺起死回生的日本餐饮第一顾问
定价：28.00 元

《最勾引顾客的招牌》：成功的招牌是最好的营销，好招牌分分钟替你召顾客！
定价：36.00 元

《会切西红柿，就能做餐饮》：没有比餐饮更好做的卖卖！饭店经营的"用户体验学"。
定价：28.00 元

《制造型零售业——7-ELEVEn 的服务升级》：看日本人如何将美国人经营破产的便利店打造为全球连锁便利店 NO.1！
定价：38.00 元

《店铺防盗》：7 大步骤消灭外盗，11 种方法杜绝内盗，最强大店铺防盗书！
定价：28.00 元

《中小企业自媒体集客术》：教你玩转拉动型销售的 7 大自媒体集客工具，让顾客主动找上门！
定价：36.00 元

《敢挑选顾客的店铺才能赚钱》：日本店铺招牌设计第一人亲授打造各行业旺铺的真实成功案例
定价：32.00 元

《餐饮店投诉应对术》：日本 23 家顶级餐饮集团投诉应对标准手册，迄今为止最全面最权威最专业的餐饮业投诉应对书。
定价：28.00 元

《大数据时代的社区小店》：大数据的小店实践先驱者、海尔电器的日本教练传授小店经营的数据之道
定价：28.00 元

《线下体验店》：日本 "体验式销售法" 第一人教你如何赋予 O2O 最完美的着地！
定价：32.00 元

《医患纠纷解决术》：日本医疗服务第一指导书，医院管理层、医疗一线人员必读书！ 医护专业入职必备！
定价：38.00 元

《迪士尼店长心法》：让迪士尼主题乐园里的餐饮店、零售店、酒店的服务成为公认第一的，不是硬件设施，而是店长的思维方式。
定价：28.00 元

《女装经营圣经》：上市一周就登上日本亚马逊畅销榜的女装成功经营学，中文版本终于面世！
定价：36.00 元

《医师接诊艺术》：2 秒速读患者表情，快速建立新赖关系！ 日本国宝级医生日野原重明先生重磅推荐！
定价：36.00 元

《超人气餐饮店促销大全》：图解型最完全实战型促销书，200 个历经检验的餐饮店促销成功案例，全方位深挖能让顾客进店的每一个突破点！
定价：46.80 元

《服务的初心》：服务的对象十人百样，服务的方式千变万化，唯有，初心不改！
定价：39.80 元

《最强导购成交术》：解决导购员最
头疼的 55 个问题，快速提升成交率！
定价：36.00 元

《帝国酒店——恰到好处的服务》：
日本第一国宾馆的 5 秒钟魅力神话，
据说每一位客人都想再来一次！
定价：33.00 元

《餐饮店长如何带队伍》：解决餐饮
店长头疼的问题——员工力！ 让团队
帮你去赚钱！
定价：36.00 元

《漫画餐饮店经营》：老板、店长、
厨师必须直面的 25 个营业额下降、顾
客流失的场景
定价：36.00 元

《店铺服务体验师报告》：揭发你习
以为常的待客漏洞　深挖你见怪不怪
的服务死角　50 个客户极致体验法则
定价：38.00 元

《餐饮店超低风险运营策略》：致餐
饮业有志创业者＆计划扩大规模的经
营者＆与低迷经营苦战的管理者的最
强支援书
定价：42.00 元

《零售现场力》：全世界销售额第一名的三越伊势丹董事长经营思想之集大成，不仅仅是零售业，对整个服务业来说，现场力都是第一要素。
定价：38.00 元

《别人家的店为什么卖得好》：畅销商品、人气旺铺的销售秘密到底在哪里？ 到底应该怎么学？ 人人都能玩得转的超简明 MBA
定价：38.00 元

《顶级销售员做单训练》：世界超级销售员亲述做单心得，亲手培养出数千名优秀销售员！ 日文原版自出版后每月加印 3 次，销售人员做单必备。
定价：38.00 元

《店长手绘 POP 引流术》：专治"顾客门前走，就是不进门"，让你顾客盈门、营业额不断上涨的 POP 引流术！
定价：39.80 元

《不懂大数据，怎么做餐饮？》：餐饮店倒闭的最大原因就是"讨厌数据的糊涂账"经营模式。
定价：38.00 元

《零售店长就该这么干》：电商时代的实体店长自我变革。
定价：38.00 元

《生鲜超市工作手册蔬果篇》：海量
图解日本生鲜超市先进管理技能
定价：38.00 元

《生鲜超市工作手册肉禽篇》：海量
图解日本生鲜超市先进管理技能
定价：38.00 元

《生鲜超市工作手册水产篇》：海量
图解日本生鲜超市先进管理技能
定价：38.00 元

《生鲜超市工作手册日配篇》：海量
图解日本生鲜超市先进管理技能
定价：38.00 元

《生鲜超市工作手册副食调料篇》：
海量图解日本生鲜超市先进管理技能
定价：48.00 元

《生鲜超市工作手册 POP 篇》：海量
图解日本生鲜超市先进管理技能
定价：38.00 元

《日本新干线 7 分钟清扫奇迹》：我们
的商品不是清扫，而是"旅途的回忆"
定价：39.80 元

《像顾客一样思考》：不懂你，又怎
样搞定你？
定价：38.00 元

《好服务是设计出来的》：设计，是对服务的思考

定价：38.00 元

《让头回客成为回头客》：回头客才是企业持续盈利的基石

定价：38.00 元

《餐饮连锁这样做》：日本餐饮连锁店经营指导第一人

定价：39.00 元

《养老院长的 12 堂管理辅导课》：90%的养老院长管理烦恼在这里都能找到答案

定价：39.80 元

《大数据时代的医疗革命》：不放过每一个数据，不轻视每一个偶然

定价：38.00 元

《如何战胜竞争店》：在众多同类型店铺中脱颖而出

定价：38.00 元

《这样打造一流卖场》：能让顾客快乐购物的才是一流卖场

定价：38.00 元

《店长促销烦恼急救箱》：经营者、店长、店员都必读的"经营学问书"

定价：38.00 元

更多本系列精品图书，敬请期待！

图书在版编目（CIP）数据

这样打造一流卖场 /（日）铃木哲男 著；任世宁 译. — 北京：东方出版社，2016.11
（服务的细节；053）
ISBN 978-7-5060-9336-1

Ⅰ. ①这…　Ⅱ. ①铃…②任…　Ⅲ. ①商店—销售管理　Ⅳ. ①F717

中国版本图书馆CIP数据核字（2016）第271311号

本书中文简体字版权由北京汉和文化传播有限公司代理
中文简体字版专有权属东方出版社所有
著作权合同登记号 图字：01-2016-0856号

服务的细节053：这样打造一流卖场
（ FUWU DE XIJIE 053:ZHEYANG DAZAO YILIUMAICHANG ）

作　　　者：［日］铃木哲男
译　　　者：任世宁
责任编辑：崔雁行　高琛倩　王高婷
出　　　版：东方出版社
发　　　行：人民东方出版传媒有限公司
地　　　址：北京市东城区东四十条113号
邮　　　编：100007
印　　　刷：三河市中晟雅豪印务有限公司
版　　　次：2016年12月第1版
印　　　次：2019年3月第3次印刷
开　　　本：880毫米×1230毫米　1/32
印　　　张：6.25
字　　　数：119千字
书　　　号：ISBN 978-7-5060-9336-1
定　　　价：38.00元
发行电话：（010）85924663　85924644　85924641